쑥쑥~!
알까는
한자

하

쑥쑥~! 알까는

한자 하

인쇄일 2016년 8월 29일
발행일 2016년 9월 9일

저   자 심영세원
발 행 인 윤우상
총   괄 윤병호
책임편집 최준명
북디자인 Design Didot 디자인디도
발 행 처 송산출판사
주   소 서울특별시 서대문구 통일로32길 14 (홍제 2동)
전   화 (02) 735-6189
팩   스 (02) 737-2260
홈페이지 http://www.songsanpub.co.kr
등록일자 1976년 2월 2일. 제 9-40호

ISBN   978-89-7780-235-3 14710
            978-89-7780-232-2 14710 (세트)

쑥쑥~!
알까는
한자

심 영세원 지음

하

송산출판사

머리말 ··· 12

自 스스로 자 ··· 24

束 가시 자 ··· 25

者 놈 자 ·· 26

玆 이 자(검을 자) ······································· 29

勺 구기 작 ··· 30

爵 벼슬 작 ··· 32

戔 나머지 잔 ·· 33

章 글 장 ·· 35

庄 전장 장 ··· 36

丈 어른 장 ··· 37

爿 나뭇조각 장 ··· 38

長 길 장(어른 장) ······································· 41

哉 어조사 재 ·· 42

才 재주 재 ··· 44

爭 다툴 쟁 ··· 45

氐 근본 저 ··· 46

翟 꿩 적 ·· 47

啇 밑동 적(뿌리) ··· 48

赤 붉을 적 ··· 50

展 펼 전 ·· 51

廛 가게 전 ··· 52

前 앞 전 ··· 53

專 오로지 전 ··· 54

奠 정할 전(제사 전) ································· 55

折 꺾을 절 ··· 56

卩 병부 절 ··· 57

占 점령할 점(점칠 점) ························· 59

正 바를 정 ··· 61

丁 장정 정(고무래 정) ························· 63

廷 조정 정 ··· 65

定 정할 정 ··· 66

貞 곧을 정 ··· 67

呈 드릴 정 ··· 68

齊 가지런할 제 ··· 69

制 절제할 제 ··· 70

帝 임금 제 ··· 71

祭 제사 제 ··· 72

早 이를 조(일찍) ···································· 73

朝 아침 조 ··· 74

弔 조상할 조 ··· 75

曹 무리 조(성씨 조) ····························· 77

鳥 새 조 ··· 78

蚤 벼룩 조 ··· 82

喿 울 주/소 ··· 83

兆 조 조(조짐 조) ·································· 85

族 겨레 족 ··· 87

尊 높을 존 ··· 88

卒 마칠 졸(군사 졸) ·· 89

宗 마루 종(근본, 으뜸) ·· 91

從 좇을 종 ··· 92

坐 앉을 좌 ··· 93

周 두루 주 ··· 94

朱 붉을 주 ··· 96

州 고을 주 ··· 98

尌 하인 주(세울 수) ·· 99

主 임금 주(주인 주) ··· 100

走 달릴 주 ··· 102

奏 아뢸 주 ··· 104

夋 천천히 걷는 모양 준 ··· 105

重 무거울 중 ··· 107

曾 일찍 증 ··· 109

支 지탱할 지 ··· 111

止 그칠 지 ··· 113

之 갈 지 ··· 115

旨 뜻 지 ··· 116

只 다만 지 ··· 117

至 이를 지(도달하다) ··· 118

志 뜻 지 ··· 121

直 곧을 직 ··· 122

眞 참 진 ··· 123

盡 다할 진 ··· 125

㐱 숱 많고 검을 진 ·· 126

辰 별 진(때 신) ·· 127

朕 나 짐 ··· 129

聑 소곤거릴 집 ··································· 130

執 잡을 집 ··· 131

徵 부를 징(음률이름 치) ·················· 132

差 다를 차 ··· 133

且 또 차 ··· 134

次 버금 차 ··· 137

此 이 차 ··· 138

芉 풀 무성할 착 ·································· 140

粲 정미 찬(찧은 쌀) ························· 141

贊 도울 찬 ··· 142

斬 벨 찬 ··· 143

叄 참여할 참(갖은 석 삼) ················ 144

朁 일찍이 참 ······································ 145

倉 곳집 창 ··· 146

昌 창성할 창 ······································ 148

采 풍채 채(캘 채) ····························· 150

冊 책 책 ··· 151

責 꾸짖을 책 ······································ 152

妻 아내 처 ··· 154

隻 외짝 척 ··· 155

脊 등마루 척(척추) ··························· 156

斥 물리칠 척 ······································ 157

舛 어그러질 천 ··································· 158

川 내 천 ··· 159

天 하늘 천 ··· 161

泉 샘 천 ·· 162

叕 연할 철(잇닿다) ··· 163

僉 다 첨(모두) ··· 164

詹 이를 첨(도달하다) ·· 166

妾 첩 첩 ··· 168

靑 푸를 청 ··· 169

聽 들을 청 ··· 171

焦 탈 초 ··· 172

肖 닮을 초 ··· 173

蜀 나라 이름 촉 ·· 175

悤 바쁠 총 ··· 177

隹 새 추 ··· 178

芻 꼴 추 ··· 182

秋 가을 추 ··· 183

帚 비 추 ··· 184

丑 소 축(지지 축) ··· 185

畜 짐승 축 ··· 186

豕 발 얽은 돼지의 걸음 축 ······································· 187

春 봄 춘 ··· 188

出 날 출 ··· 189

朮 차조 출(찰진 조) ··· 191

充 채울 충 ··· 192

取 가질 취 ··· 193

廌 해태 치/태 ·· 195

則 법칙 칙(곧 즉) ··· 196

桼 옻 칠 ··· 197

侵 침노할 침 ························ 198

夬 터놓을 쾌 ························ 199

它 다를 타 ························ 201

隋 떨어질 타(수나라 수) ·············· 202

乇 부탁할 탁 ························ 204

兌 바꿀 태(기쁠 태) ················· 205

台 별 태 ························ 207

兔 토끼 토 ························ 210

退 물러날 퇴 ························ 211

巴 꼬리 파 ························ 212

貝 조개 패 ························ 213

彭 성씨 팽 ························ 219

扁 작을 편 ························ 220

平 평평할 평 ························ 221

敝 해질 폐(해어지다) ················ 222

包 쌀 포(감싸다) ··················· 224

布 펼 포 ························ 226

暴 사나울 포/폭 ···················· 227

票 표 표 ························ 228

稟 여쭐 품(삼갈 품) ················· 229

品 물건 품 ························ 230

皮 가죽 피 ························ 231

必 반드시 필 ························ 234

虐 모질 학 ························ 236

寒 찰 한 ························ 237

臽 함정 함 ························ 238

咸 다 함(모두) ···································· 239

合 합할 합 ···································· 241

亢 높을 항 ···································· 243

亥 돼지 해(지지 해) ···································· 244

解 풀 해 ···································· 246

害 해할 해 ···································· 247

奚 어찌 해 ···································· 248

行 다닐 행(항렬 항) ···································· 249

享 누릴 향 ···································· 251

鄕 시골 향 ···································· 253

香 향기 향 ···································· 254

虛 빌 허 ···································· 255

彗 살별 혜(혜성) ···································· 256

惠 은혜 혜 ···································· 257

縣 고을 현 ···································· 258

㬎 드러날 현 ···································· 259

玄 검을 현 ···································· 260

血 피 혈 ···································· 262

夾 낄 협 ···································· 263

兄 형 형 ···································· 265

胡 되 호(오랑캐 호) ···································· 267

豪 호걸 호 ···································· 268

虍 호피 무늬 호 ···································· 269

或 혹 혹 ···································· 271

昏 어두울 혼 ···································· 272

華 빛날 화 ···································· 273

化 될 화 ──────────────────────────────────── 274

崔 새 높이 날 확 ────────────────────────── 275

奐 빛날 환 ──────────────────────────────── 276

黃 누를 황 ──────────────────────────────── 277

會 모일 회 ──────────────────────────────── 279

灰 재 회 ────────────────────────────────── 280

回 돌아올 회 ────────────────────────────── 281

裏 품을 회 ──────────────────────────────── 282

孝 효도 효 ──────────────────────────────── 283

爻 사귈 효 ──────────────────────────────── 284

侯 제후 후 ──────────────────────────────── 286

后 뒤 후(임금 후) ──────────────────────── 287

熏 불길 훈 ──────────────────────────────── 288

休 쉴 휴 ────────────────────────────────── 289

卉 풀 훼 ────────────────────────────────── 290

凶 흉할 흉 ──────────────────────────────── 291

黑 검을 흑 ──────────────────────────────── 292

羲 복희씨 희 ────────────────────────────── 293

喜 기쁠 희 ──────────────────────────────── 294

에필로그 ──────────────────────────────── 296

안녕하세요.

수리수리한자의 심 영세원(沈 英世元) 입니다.

우리가 현재 사용하는 말과 글은 얼마나 정확할까요?

정확한 의미를 알고 사용하는 사람이 얼마나 될까요?

동물을 예로 들어보겠습니다.

개구리는 양서류에 속합니다.

그럼 양서류는 무엇을 뜻할까요?

읽고 쓰기는 한글인 '양서류'로 쓰지만 그 의미는 한자(漢字)입니다.

두 량(兩), 깃들일 서(棲)

아~~~두 군데(물과 땅)에서 살아가는 동물임을 순식간에 아주 쉽게 알 수 있습니다.

그럼 극피동물은 무엇일까요?

한글로 읽고 쓰지만 정확한 의미는 알 수 없습니다.

그냥 배우다보니 대강 알게 되는 것일 뿐이죠.

가시 극(棘), 가죽 피(皮)

아~~~피부에 가시같이 뾰족하게 돋은 동물임을 순식간에 아주 쉽게 알 수 있습니다.

우리는 일상생활에서 어떤 일이 다반사로 많이 일어난다는 말을 자주 접합니다.
많은 분들이 다반사에서 '다'를 많을 다(多)로 알고 있지만 틀렸습니다.

다반사는 차 다(茶), 밥 반(飯), 일 사(事)
즉 차를 마시고 밥을 먹듯 일상적으로 자주 하는 일을 비유하는 말입니다.
이렇듯 한자를 알면 정확한 의미와 그에 따른 활용을 할 수 있습니다.

정확한 뜻을 모르는 상태에서 암기한 것은,
어렵게 외우고 쉽게 잊어버리는 결과를 낳게 됩니다.
한자(漢字)는 외우는 것이 아니라 그 뜻을 이해하며 익히는 것입니다.
한자(漢字)는 단순한 글자가 아닙니다.

한글과 한자(漢字)는 마치 자전거의 두 바퀴와 같습니다.
속의 뜻이 겉으로 나타나면서 정확한 의사소통을 할 수 있는 것입니다.
이 중 어느 한 가지만 사용한다면 그것은 외발자전거로 불안하게 살아가는 것과 같습니다.

이렇듯 우리의 삶에 가장 밀접한 교육이나 학습용어 그리고 실생활에서 한자(漢字)는 거의 대부분 활용되고 있습니다.

뿌리가 튼튼하지 않은 기둥은 쉽게 무너지고 맙니다.
반대로 뿌리가 튼튼하면 기둥은 더더욱 튼튼해집니다.
우리 한국인에게 그 뿌리는 바로 '한자(漢字)'입니다.

우리가 사용하고 있는 거의 모든 단어들은,
'한글로 읽을 뿐 그 속은 거의 한자(漢字)' 입니다.

예를 들어 코가 아픕니다.

어느 과의 병원을 갑니까?

'이비인후과'를 가죠.

그럼 이비인후과는 한글일까요? 한자일까요?

이비인후과는 한글로 쓰고 불리지만 외형만 그럴 뿐 속은 한자입니다.

귀 이(耳), 코 비(鼻), 목구멍 인(咽), 목구멍 후(喉), 과목 과(科) 입니다.

아~~~

귀가 아프고, 코가 아프고, 목이 아플 때 찾아가는 병원이 바로

이비인후과(耳鼻咽喉科)인 것입니다.

교과서의 학습(學習) 용어도 마찬가지입니다.

영어(英語)의 8품사(品詞)를 보겠습니다.

동사(動詞), 명사(名詞), 대명사(代名詞), 형용사(形容詞), 부사(副詞), 전치사(前置詞),

접속사(接續詞), 감탄사(感歎詞).

이 모든 학습용어가 '한자(漢字)'입니다.

말로만 전치사…전치사 외우는 것이 아니라,

앞 전(前), 둘 치(置), 글 사(詞)

아~~~ 어떤 글자의 앞에 위치하는 글임을 금방 알고 또 정확히 알 수 있습니다.

수학(數學) 용어도 마찬가지입니다.

미지수(未知數), 함수(函數), 항등식(恒等式), 예각(銳角), 둔각(鈍角)...
이 모든 수학용어가 '한자(漢字)'로 되어 있습니다.

말로만 항등식을 외우는 것이 아니라,
항상 항(恒), 같을 등/무리 등(等), 법 식(式)

아~~~어떤 식에 어떠한 값을 넣어도 항상 양쪽의 값이 같아지는 식이 항등식임을
금방 알고 또 정확히 알 수 있습니다.

그래서 초등학생부터 대학생들까지 공부하는 학생들은 물론,
학생들을 가르치는 선생님과 부모님들 또한 한자공부는 필수 중 필수인 것입니다.
심지어 한자(漢字)를 생활화하는 중국인들조차 저에게 한자(漢字)를 배우기도 합니다.

이유는 '정통한자(正統漢字)'이기 때문입니다.

정통(正統)을 모르고 중국의 간체자나 일본의 간지부터 배운다면 원인을 모르는 임시
적 치료와 같습니다.
아픈 근본원인을 해결해야 진정한 치료를 할 수 있습니다.

언어의 근본은 바로 한자(漢字)입니다.
한자(漢字)의 근본은 정통(正統)이어야 합니다.
그 정통한자(正統漢字)를 저, 심 영세원이 아낌없이 공개(公開)하겠습니다.

영원히 유산(遺産)이 되길 바라는 마음으로!!!

한 글자, 한 글자 집필하고 한 구절, 한 구절 강의할 때 온 마음을 다하였습니다.
'어떻게 하면 히나리도 더 알려드릴까'를 고민하며 집필하고 강의를 제작하였습니다.

이유는!!!
한자(漢字)는 삶의 근본이기 때문입니다.
또 국력이고 경쟁력이기 때문입니다.

중국인도 배우는 심영세원 정통한자!
배우는 즉시 익힐 수 있는 심영세원 한자교실!
쉽게 익히고 오래 기억하는 심영세원 한자교실!
지식뿐만 아니라 삶의 도리를 함께 배우는 심영세원 한자교실!

현재 한자교육의 육성을 위해 '국가공인 한자급수 시험'을 운영하고 있습니다.
그런데 이 또한 시험을 위한 시험, 급수를 따기 위한 시험으로 될 수 있습니다.

시험을 위한 한자공부가 아니라,
제대로!!! 정확히!!! 언어를 구사하기 위해 배워야 합니다.
따라서 한자를 공부하는 방법이 아주 중요합니다.

한자는 그 뿌리가 '部首(부수)'와 '六書(육서)'입니다.

그런데 수많은 부수를 설명한 책을 보면,
'의미(意味) 순'이 아닌 '획수(劃數) 순'이나 '가나다 순'으로 나열합니다.

이러한 교육들로 인해 수많은 학생들이 중요한 시간을 낭비하고 있습니다.
한마디로 '어렵고 힘들게 외우고, 너무 쉽게 빨리 잊어버리게 되는 것'입니다.

이에 필자는 수리수리한자닷컴(www.surisurihanja.com)을 통해
심영세원만의 부수교육, 육서교육, 필순교육을 무료로 제공하고 있습니다.

또한 국가공인 한자급수 시험을 대비하여 8급부터 1급까지 총 3,500자를
생성원리에 맞춘 스토리텔링으로 재미있고 정확하게 제공하고 있습니다.

마지막으로 한자교육의 화룡점정(畫龍點睛)인 수리수리 보이스한자—알까는 한자를,
출판과 더불어 그 내용을 저의 목소리로 녹음하여 함께 제공하고 있습니다.

보이스한자는 영어로 VOICE(소리, 음성)입니다.

한자는 '모양과 소리'에 규칙적인 패턴이 있습니다.
뿌리글자의 '모양과 소리'에서 규칙적인 파생글자들이 뻗어 나갑니다.
그 규칙은 곧 비법(祕法)이 됩니다.
쉽게 이해되고 저절로 익혀지며 오래 기억하는 한자공부의 비법인 것입니다.

보이스한자는 근본이 되는 '뿌리글자'와 그에 따른 '파생글자'로 구성되어 있습니다.

가죽 피(皮)를 뿌리글자로 하여 예를 들어 보겠습니다.
파생되는 글자의 음(音)은 '피' 또는 '파'로 됩니다.
다양한 부수들과 합쳐져 새로운 뜻을 지닌 글자로 탄생되어집니다.

皮 가죽 피

皮膚 가죽 피 살갗 부
表皮 겉 표 가죽 피
彈皮 탄알 탄 가죽 피

彼 저 피

此日彼日 이 차 날 일 저 피 날 일
知彼知己 알 지 저 피 알 지 몸 기

被 입을 피

被害 입을 피 해할 해
被殺 입을 피 죽일 살
被拉 입을 피 끌 랍
被擊 입을 피 칠 격
被襲 입을 피 엄습할 습
被告 입을 피 고할 고
被虜人 입을 피 사로잡을 로 사람 인 : 포로

披 헤칠 피

披瀝 헤칠 피 스밀 력
猖披 미쳐날뛸 창 헤칠 피
披露宴 헤칠 피 이슬 로 잔치 연

疲 피곤할 피

疲困 피곤할 피 곤할 곤
疲勞 피곤할 피 일할 로
疲弊 피곤할 피 폐단 폐

波 물결 파

波濤 물결 파 물결 도
波瀾 물결 파 물결 란

波長 물결 파 길 장
波動 물결 파 움직일 동
波紋 물결 파 무늬 문
餘波 남을 여 물결 파
寒波 찰 한 물결 파
電波 번개 전 물결 파

破 깨뜨릴 파

破壞 깨뜨릴 파 무너질 괴
破棄 깨뜨릴 파 버릴 기
破綻 깨뜨릴 파 터질 탄
破損 깨뜨릴 파 덜 손
突破 갑자기 돌 깨뜨릴 파

跛 절름발이 파

跛行 절름발이 파 다닐 행 : 일이 순조롭지 않음

頗 자못 파 (꽤 많이)

頗多 자못 파 많을 다 : 자못 많음
偏頗 치우칠 편 자못 파 : 치우쳐 공평하지 못함

婆 할머니 파 음역자 바

娑婆 사바세상 사 음역자 바
老婆心 늙을 로 할머니 파 마음 심

이렇게 가죽 피(皮)라는 하나의 뿌리글자는 9가지의 파생글자를 만듭니다.
그런데 그 과정에는 '모양과 소리'의 규칙성이 있습니다.

여기에 어떤 '부수'가 오느냐에 따라 그 뜻이 다르게 되는 것입니다.

가죽 피(皮)에 '걸을 척'을 뜻하는 두인 변(彳) 부수가 오면 저 피(彼)
'옷'을 뜻하는 옷의 변(衤) 부수가 오면 입을 피(被)
'손 수'를 뜻하는 재방 변(扌) 부수가 오면 헤칠 피(披)
'질병'을 뜻하는 병들어 기댈 녁(疒) 부수가 오면 피곤할 피(疲)
'물'을 뜻하는 삼수 변(氵) 부수가 오면 물결 파(波)
'돌'을 뜻하는 돌석 변(石) 부수가 오면 깨뜨릴 파(破)
'발'을 뜻하는 발족 변(足) 부수가 오면 절름발이 파(跛)
'머리'를 뜻하는 머리 혈(頁) 부수가 오면 자못 파(頗)
'여자'를 뜻하는 여자 녀(女) 부수가 오면 할머니 파/음역자 바(婆)가 됩니다.

여기에 그치지 않습니다.
구슬도 꿰어야 보배라 했습니다.

지금 배운 '뿌리글자와 파생글자'들이 실제 어떤 단어로 활용되는지가 중요합니다.
이에 실제 가장 많이 활용되는 단어들을 엄선하여 함께 익힐 수 있게 하였습니다.

실제 활용되는 단어들 속에는,
이미 공부했던 '뿌리글자'와 '파생글자'들이 순환반복 식으로 계속 나옵니다.
따라서 자연스럽게 복습이 될 수 있도록 체계적으로 구성하였습니다.

마지막으로 한 가지 더 중요한 것이 있습니다.

알까는 한자 책의 내용을 토대로 제가 녹음을 하였습니다.
하나의 글자마다 생성된 스토리텔링을 세밀하고 정확하게 알려드립니다.

그리고 실제 활용되는 단어들의 의미와 쓰임새 또한 명쾌하게 설명해 드립니다.

이와 같은 단계별 학습을 통해 여러 분은 실전 최고의 한자고수가 될 수 있습니다.

뿌리글자는 총 621개입니다.
숫자에는 세상의 기준을 만들어주는 기운이 존재합니다.

621을 모두 더하면 9가 됩니다.
수리역학에서 9는 학업(學業)과 명예(名譽)를 상징합니다.
동양의학에서 9는 부족한 기운을 채워주는 보(補)를 상징합니다.

또한 양력 6월 21은 1년 24절기에서 하지(夏至)입니다.
하루 중 낮이 가장 길며 정오의 태양도 가장 높은 절기입니다.
알까는 한자가 수강생 분들의 인생을 밝게 비춰주는 원동력이 되었으면 합니다.

또한 개인적으로 저의 생일도 6월 21일입니다.
저의 혼신을 담은 책이라고 감히 말씀드릴 수 있습니다.

이 책의 마지막에는 묘교발형(苗敫發焚)이란 4개의 뿌리글자가 더 있습니다.
이는 춘하추동(春夏秋冬) 4계절을 담았습니다.
한자공부를 함에 있어 자연의 이치를 그대로 옮긴 저의 철학이기도 합니다.

실제 조능학교 1학년 학생이 6개월 만에 일까는 한자를 통해 1급을 완성히였습니다.
당연히 여러 분들도 하실 수 있습니다.
얼마나 열심히 하느냐에 따라 시간단축은 스스로의 몫이 됩니다.
책을 보며 저의 목소리를 듣고만 있어도 신기하게 한자(漢字)에 눈이 떠지게 됩니다.

부디,

열심히 수강하셔서 이 사회의 힘들고 지친 분들에게 큰 희망이 되어주시길 바랍니다.

마지막으로 수리수리한자닷컴이 운영되고, 알까는 한자가 출판되기까지

함께 해주신 분들에게 감사(感謝)의 말씀을 드리고 싶습니다.

부족한 제게 큰 사명을 맡겨주신 (주)스타세븐 손영곤 대표님,

처음부터 끝까지 함께 동고동락한 김영철 본부장님,

고단한 작업을 마치 내 일처럼 밤새워 일해주신 기획, 촬영, 편집 팀 여러분,

모든 집필과 제작과정을 묵묵히 격려해 준 제 가족에게 깊은 고마움을 전합니다.

2016年 8月

著者 심 영세원(沈 英世元) 拜上

쑥쑥~!
알까는 한자

*사람은 자신을 가리킬 때 '코'의 위치로 나타낸다. 이러한 어원을 통해 나중에 鼻(코 비)가 별도로 생겼다.

自身 <u>스스로</u> 자 몸 신
自招 <u>스스로</u> 자 부를 초

<u>스스로 자</u>

 鼻 코 비 自(스스로 자) + 畀(줄 비)

鼻孔 코 비 구멍 공

 息 쉴 식 自(스스로 자) + 心(마음 심)

休息 쉴 휴 쉴 식
消息 사라질 소 쉴 식
子息 아들 자 쉴 식

臭 냄새 취 自(스스로 자) + 犬(개 견)

體臭 몸 체 냄새 취
惡臭 악할 악 냄새 취

嗅 맡을 후 口(입 구) + 臭(냄새 취)

嗅覺 맡을 후 깨달을 각

 邊 가 변(가장자리) 辶(쉬엄쉬엄 갈 착) + 臱(보이지 않을 면)

周邊 두루 주 가 변
海邊 바다 해 가 변

24

뿌리글자로만 의미

가시 **자**

棘 가시 극 朿(가시 자) + 朿(가시 자)

荊棘 가시나무 형 가시 극 : 나무가시처럼 고난을 말함
加棘 더할 가 가시 극 : 집 담에 가시를 치는 형벌

棗 대추 조 朿(가시 자) + 朿(가시 자)

棗栗梨柿 대추 조 밤 율(률) 배나무 이(리) 감 시

刺 찌를 자/척(수라 라) 朿(가시 자) + 刀(칼 도)

刺戟 찌를 자 창 극
刺客 찌를 자 손 객
刺繡 찌를 자 수놓을 수
諷刺 풍자할 풍 찌를 자
刺殺 찌를 척 죽일 살
水刺床 물 수 수라 라 평상 상 : 임금의 밥상

策 꾀 책 竹(대 죽) + 朿(가시 자)

政策 정사 정 꾀 책
對策 대할 대 꾀 책
施策 베풀 시 꾀 책
浮揚策 뜰 부 날릴 양 꾀 책
散策路 흩을 산 꾀 책 길 로

*'놈'은 나쁜 의미가 아니라 오히려 '친근함'의 의미가 있다.

患者 근심 환 놈 자
勤勞者 부지런할 근 일할 로 놈 자
犧牲者 희생 희 희생 생 놈 자

놈 자

煮 삶을 자 者(놈 자) + 火(불 화)

煮沸 삶을 자 끓을 비 : 물 따위가 펄펄 끓음

都 도읍 도 者(놈 자) + 邑(고을 읍)

都市 도읍 도 저자 시
遷都 옮길 천 도읍 도
都大體 도읍 도 클 대 몸 체 : 도무지, 대관절
下都給 아래 하 도읍 도 줄 급

賭 내기 도 貝(조개 패) + 者(놈 자)

賭博 내기 도 넓을 박

睹 볼 도 目(눈 목) + 者(놈 자)

始睹 비로소 시 볼 도
睹聞 볼 도 들을 문

堵 담 도 土(흙 토) + 者(놈 자)

堵牆 담 도 담 장
堵列 담 도 벌일 열(렬) : 사람들이 쭉 늘어섬

26

安堵 편안 안 담 도 : 마음을 편하게 놓음

屠 죽일 도 尸(주검 시) + 者(놈 자)

屠殺 죽일 도 죽일 살
屠戮 죽일 도 죽일 륙
屠畜 죽일 도 짐승 축

署 마을 서(관청) 罒(그물 망) + 者(놈 자)

署名 마을 서 이름 명
部署 떼 부 마을 서
官公署 벼슬 관 공평할 공 마을 서

曙 새벽 서 日(해 일) + 署(마을 서)

曙光 = 曙日 새벽 서 빛 광 = 새벽 서 날 일 : 동틀 때의 새벽 빛 아침 해
曙鐘 새벽 서 쇠북 종 : 새벽 종소리

薯 감자 서 艸(풀 초) + 署(마을 서)

馬鈴薯 말 마 방울 령 감자 서 : 감자

暑 더울 서 日(해 일) + 者(놈 자)

酷暑 심할 혹 더울 서
避暑 피할 피 더울 서
鬪暑 싸울 투 더울 서 : 피서 없이 더위를 이김

緒 실마리 서 糸(실 사) + 者(놈 자)

　端緒 끝 단 실마리 서
　頭緒 머리 두 실마리 서
　情緒 뜻 정 실마리 서

箸 젓가락 저 竹(대 죽) + 者(놈 자)

　匙箸 숟가락 시 젓가락 저

著 나타날 저 艹(풀 초) + 者(놈 자)

　顯著 나타날 현 나타날 저
　著者 나타날 저 놈 자
　著述 나타날 저 펼 술
　著作 나타날 저 지을 작

躇 머뭇거릴 저 足(발 족) + 著(나타날 저)

　躊躇 머뭇거릴 주 머뭇거릴 저

諸 모두 제 言(말씀 언) + 者(놈 자)

　諸般 모두 제 가지 반
　諸君 모두 제 임금 군 : 손아래의 여러분

奢 사치할 사 大(큰 대) + 者(놈 자)

　奢侈 사치할 사 사치할 치
　華奢 빛날 화 사치할 사
　豪奢 호걸 호 사치할 사 : 호화롭게 사치함

뿌리
글자

茲

今茲 이제 금 이 자 : 올해
來茲 올 래 이 자 : 내년

이 자(검을 자)

磁 자석 자 石(돌 석) + 茲(무성할 자)

磁石 자석 자 돌 석
磁氣場 자석 자 기운 기 마당 장

滋 불을 자 水(물 수) + 茲(무성할 자)

* 불다 : 늘어나다. 증가하다. 번식하다. 무성해지다.
滋養 불을 자 기를 양 : 몸의 영양을 좋게 함
滋殖 불을 자 불릴 식 : 재산이나 가축을 늘임

慈 사랑 자 茲(무성할 자) + 心(마음 심)

慈愛 사랑 자 사랑 애
慈悲 사랑 자 슬플 비
慈善 사랑 자 착할 선

*구기 : 자루가 달린 술 따위를 푸는 용기

銀勺 은은 구기 작

구기 작

杓 구기 작(북두자루 표) 木(나무 목) + 勺(구기 작)

樽杓 술통 준 구기 작
漏杓 샐 루 북두자루 표

酌 술 부을 작 酒(술 주 – 변형) + 勺(구기 작)

自酌 스스로 자 술 부을 작
無酌定 없을 무 술 부을 작 정할 정

灼 불사를 작 火(불 화) + 勺(구기 작)

灼鐵 불사를 작 쇠 철 : 석쇠
灼熱痛 불사를 작 더울 열 아플 통
鑽灼 뚫을 찬 불사를 작 : 갈고 닦으며 연구함

芍 함박꽃 작 艸(풀 초) + 勺(구기 작)

芍藥 함박꽃 작 약 약

約 맺을 약 糸(실 사) + 勺(구기 작)

約束 맺을 약 묶을 속
契約 맺을 계 맺을 약

條約 가지 조 맺을 약
協約 화합할 협 맺을 약
節約 마디 절 맺을 약

葯 꽃밥 약 艹(풀 초) + 約(맺을 약)

*꽃밥 : 식물의 수술 끝에 붙은 화분과 화분을 싼 화분낭을 말함.
葯胞 꽃밥 약 세포 포 : 화분과 화분낭을 총칭

的 과녁 적 白(흰 백) + 勺(구기 작)

目的 눈 목 과녁 적
積極的 쌓을 적 극진할 극 과녁 적
肯定的 즐길 긍 정할 정 과녁 적

釣 낚을 조 金(쇠 금) + 勺(구기 작)

釣竿 낚을 조 낚싯대 간 : 낚싯대

豹 표범 표 豸(벌레 치) + 勺(구기 작)

虎豹 범 호 표범 표 : 호랑이와 표범
水豹 물 수 표범 표 : 바다표범

爵位 벼슬 작 자리 위 : 벼슬과 자리
卿爵 벼슬 경 벼슬 작 : 벼슬과 작위

벼슬 작

嚼 씹을 작 口(입 구) + 爵(벼슬 작)

咀嚼 씹을 저 씹을 작
爛嚼 문드러질 란(빛날 란) 씹을 작

*(돈 쌓다 깎다)의 뜻도 있다.

뿌리글자로만 의미

나머지 잔

殘 잔인할 잔(남을 잔) 歹(뼈 앙상할 알) + 戔(나머지 잔)

殘忍 잔인할 잔 참을 인
殘酷 잔인할 잔 심할 혹
殘額 남을 잔 이마 액
殘骸 남을 잔 뼈 해

棧 사다리 잔 木(나무 목) + 戔(나머지 잔)

虹棧 무지개 홍 사다리 잔 : 무지개처럼 굽은 다리

盞 잔 잔 戔(나머지 잔) + 皿(그릇 명)

燈盞 등 등 잔 잔
茶盞 차 차(다) 잔 잔 : 찻잔으로 쓰고 읽음

錢 돈 전 金(쇠 금) + 戔(나머지 잔)

金錢 쇠 금 돈 전
銅錢 구리 동 돈 전
換錢 바꿀 환 돈 전 : 다른 화폐로 교환함

餞 보낼 전 食(밥 식) + 戔(나머지 잔)

餞別 보낼 전 나눌 별 : 잔치를 베풀어 작별함

箋 기록할 전(전문 전) = 竹(대 죽) + 戔(나머지 잔)

* 전문 : 나라에 길흉이 있을 때 임금에게 신하가 써 올리는 글
處方箋 곳 처 모 방 기록할 전

淺 얕을 천 水(물 수) + 戔(나머지 잔)

淺薄 얕을 천 엷을 박
鄙淺 더러울 비 얕을 천

賤 천할 천 貝(조개 패) + 戔(나머지 잔)

賤民 천할 천 백성 민
賤待 천할 천 기다릴 대
微賤 작을 미 천할 천
富貴貧賤 부유할 부 귀할 귀 가난할 빈 천할 천

踐 밟을 천 = 足(발 족) + 戔(나머지 잔)

實踐 열매 실 밟을 천
踐踏 밟을 천 밟을 답

文章 글월 문 글 장   腕章 팔뚝 완 글 장
憲章 법 헌 글 장   勳章 공 훈 글 장
圖章 그림 도 글 장   印章 도장 인 글 장

글 장

璋 홀 장 玉(구슬 옥) + 章(글 장)

獐 노루 장 犬(개 견) + 章(글 장)

障 막을 장 阜(언덕 부) + 章(글 장)

障壁 막을 장 벽 벽
障礙 막을 장 거리낄 애
故障 연고 고 막을 장
支障 지탱할 지 막을 장
保障 지킬 보 막을 장

彰 드러날 창 章(글 장) + 彡(터럭 삼)

表彰狀 겉 표 드러날 창 문서 장(형상 상)

35

*전장 : 개인 고유의 밭 또는 고관이 사는 집
*莊(씩씩할 장)의 간체자로서 '씩씩할 장'의 뜻도 함께 지닌다.

農庄 농사 농 전장 장

전장 장

粧 단장할 장 米(쌀 미) + 庄(전장 장)

粧飾 단장할 장 꾸밀 식
丹粧 붉을 단 단장할 장
美粧院 아름다울 미 단장할 장 집 원
化粧室 될 화 단장할 장 집 실

36

丈夫 어른 장 지아비 부
聘丈 부를 빙 어른 장 : 남의 장인의 존칭

어른 장

杖 지팡이 장 木(나무 목) + 丈(어른 장)

棍杖 몽둥이 곤 지팡이 장

仗 의장 장 人(사람 인) + 丈(어른 장)

* 이잔 · 구가 익식행사에 쓰는 '무기나 깃발' 따위의 물건
儀仗隊 거동 의 의장 장 무리 대

뿌리글자로만 의미

나뭇조각 장

狀 문서 장(형상 상) 爿(조각 장) + 犬(개 견)

答狀 대답 답 문서 장

賞狀 상줄 상 문서 장

請牒狀 청할 청 편지 첩 문서 장

狀況 형상 상 상황 황

症狀 증세 증 형상 상

慘狀 참혹할 참 형상 상

壯 장할 장 爿(조각 장) + 士(선비 사)

壯觀 장할 장 볼 관

壯談 장할 장 말씀 담

雄壯 수컷 웅 장할 장

宏壯 클 굉 장할 장

健壯 굳셀 건 장할 장

莊 씩씩할 장(전장 장) 艸(풀 초) + 壯(장할 장)

莊嚴 씩씩할 장 엄할 엄

別莊 다를 별 전장 장

裝 꾸밀 장 壯(장할 장) + 衣(옷 의)

裝飾 꾸밀 장 꾸밀 식
裝備 꾸밀 장 갖출 비
裝置 꾸밀 장 둘 치

將 장수 장(장차 장) 爿(조각 장) + 月(육달 월) + 寸(법도 촌)

將帥 장수 장 장수 수
將棋 장수 장 바둑 기
將來 장차 장 올 래

蔣 성씨 장 艸(풀 초) + 將(장수 장)

獎 장려할 장 將(장수 장 장차 장) + 大(큰 대)

獎勵 장려할 장 힘쓸 려
勸獎 권할 권 장려할 장
獎學金 장려할 장 배울 학 쇠 금

奬 권면할 장 將(장수 장 장차 장) + 犬(개 견)

* 권면 : 권하고 격려하여 힘쓰게 하다.
→ '장려할 장(獎)'과 혼용하여 사용된다.

漿 즙 장 將(장수 장 장차 장) + 水(물 수)

血漿 피 혈 즙 장 : 혈액의 액상 성분

醬 장 장 將(장수 장 장차 장) + 酒(술 주 – 변형)

鹽醬 소금 염 장 장 : 소금과 간장
醬肉 장 장 고기 육 : 장조림

藏 감출 장 艹(풀 초) + 臧(착할 장 감출 장)

貯藏 쌓을 저 감출 장
所藏 바 소 감출 장
埋藏 묻을 매 감출 장

臟 오장 장 月(육달 월) + 藏(감출 장)

* 오장 : 간 심장 비장 폐 신장
* 육부 : 담 소장 위 대장 방광 삼초
臟器 오장 장 그릇 기
五臟六腑 다섯 오 오장 장 여섯 육(륙) 육부 부

長壽 길 장 목숨 수
社長 모일 사 어른 장

길 장(어른 장)

帳 장막 장 巾(수건 건) + 長(길 장 어른 장)

帳幕 장막 장 장막 막
通帳 통할 통 장막 장

張 베풀 장 弓(활 궁) + 長(길 장 어른 장)

擴張 넓힐 확 베풀 장
誇張 자랑할 과 베풀 장

漲 넘칠 창 水(물 수) + 張(베풀 장)

漲溢=漲滿 넘칠 창 넘칠 일 = 넘칠 창 찰 만

脹 부을 창(부풀다) 月(육달 월) + 長(길 장 어른 장)

膨脹 부를 팽 부을 창

套 씌울 투 大(큰 대) + 長(길 장 - 변형)

封套 봉할 봉 씌울 투

髮 터럭 발 髟(긴 머리 표) + 犮(달릴 발 뽑을 발)

削髮 깎을 삭 터럭 발

快哉 쾌할 쾌 어조사 재 : 통쾌하다
殆哉殆哉 위태할 태 어조사 재 :
                        아주 위태로움

어조사 재

栽 심을 재 木(나무 목) + 哉(어조사 재)

栽培 심을 재 북을 돋울 배
植栽 심을 식 심을 재
盆栽 동이 분 심을 재

載 실을 재 車(수레 거/차) + 哉(어조사 재)

搭載 탈 탑 실을 재
積載 쌓을 적 실을 재
揭載 높이 들 게 실을 재

裁 마를 재(자르다) 衣(옷 의) + 哉(어조사 재)

裁斷 마를 재 끊을 단
裁縫 마를 재 꿰맬 봉
裁量 마를 재 헤아릴 량
裁判 마를 재 판단할 판

戴 일 대(머리에 올리다) 哉(어조사 재) + 異(다를 이)

推戴 밀 추 일 대

截 끊을 절 哉(어조사 재) + 隹(새 추)

峻截 높을 준 끊을 절 : 매우 위엄 있고 정중함

鐵 쇠 철 金(쇠 금) + 哉(어조사 재) + 王(임금 왕)

鐵鋼 쇠 철 강철 강
鐵則 쇠 철 법칙 칙
鐵槌 쇠 철 망치 퇴(추)

才能 재주 재 능할 능
才弄 재주 재 희롱할 롱
英才 뛰어날 영 재주 재
秀才 빼어날 수 재주 재

재주 재

材 재목 재 木(나무 목) + 才(재주 재)

材料 재목 재 헤아릴 료
教材 가르칠 교 재목 재
資材 재물 자 재목 재

財 재물 재 貝(조개 패) + 才(재주 재)

財産 재물 재 낳을 산
財貨 재물 재 재물 화
財閥 재물 재 문벌 벌

豺 승냥이 시 豸(벌레 치) + 才(재주 재)

豺狼 승냥이 시 이리 랑 : 승냥이와 이리
豺狐 승냥이 시 여우 호 : 승냥이와 여우

閉 닫을 폐 門(문 문) + 才(재주 재)

開閉 열 개 닫을 폐
閉幕 닫을 폐 장막 막
閉鎖 닫을 폐 쇠사슬 쇄
閉塞 닫을 폐 막힐 색
密閉 빽빽할 밀 닫을 폐

戰爭 싸움 전 다툴 쟁　競爭 다툴 경 다툴 쟁
鬪爭 싸울 투 다툴 쟁　紛爭 어지러울 분 다툴 쟁
爭取 다툴 쟁 가질 취　爭點 다툴 쟁 점 점

다툴 쟁

錚 쇳소리 쟁 金(쇠 금) + 爭(다툴 쟁)

錚盤 쇳소리 쟁 소반 반

淨 깨끗할 정 水(물 수) + 爭(다툴 쟁)

淨化 깨끗할 정 될 화
洗淨 씻을 세 깨끗할 정

靜 고요할 정 靑(푸를 청) + 爭(다툴 쟁)

鎭靜 진압할 진 고요할 정
靜肅 고요할 정 엄숙할 숙
靜謐 고요할 정 고요할 밀
靜電氣 고요할 정 번개 전 기운 기

뿌리글자로만 의미

근본 저

低 낮을 저 人(사람 인) + 氐(근본 저)

低價 낮을 저 값 가
低廉 낮을 저 청렴할 렴
低調 낮을 저 고를 조

抵 막을 저 手(손 수) + 氐(근본 저)

抵抗 막을 저 겨룰 항
抵當 막을 저 마땅 당
抵觸 막을 저 닿을 촉

邸 집 저 氐(근본 저) + 邑(고을 읍)

邸宅 집 저 집 택 : 규모가 아주 큰 집

底 밑 저 广(집 엄) + 氐(근본 저)

底邊 밑 저 가 변
底意 밑 저 뜻 의
海底 바다 해 밑 저
根底 뿌리 근 밑 저
徹底 통할 철 밑 저

뿌리글자로만 의미

꿩 적

躍 뛸 약 足(발 족) + 翟(꿩 적)

躍進 뛸 약 나아갈 진
跳躍 뛸 도 뛸 약
活躍 살 활 뛸 약

濯 씻을 탁 水(물 수) + 翟(꿩 적)

洗濯 씻을 세 씻을 탁
澣濯 빨래할 한 씻을 탁 : 때 묻은 옷을 빪

擢 뽑을 탁 手(손 수) + 翟(꿩 적)

拔擢 뽑을 발 뽑을 탁

曜 빛날 요 日(해 일) + 翟(꿩 적)

曜日 빛날 요 날 일

耀 빛날 요 光(빛 광) + 翟(꿩 적)

耀電 빛날 요 번개 전 : 번쩍이는 번갯불
照耀 비칠 조 빛날 요 : 밝게 비치어서 빛남

밑동 적(뿌리)

뿌리글자로만 의미

滴 물방울 적 水(물 수) + 商(밑동 적)

汗滴 땀 한 물방울 적
硯滴 벼루 연 물방울 적

適 맞을 적(적합하다) 辶(쉬엄쉬엄 갈 착) + 商(밑동 적)

適性 맞을 적 성품 성
適應 맞을 적 응할 응

嫡 정실 적(본처) 女(여자 녀) + 商(밑동 적)

嫡子 정실 적 아들 자

摘 딸 적(따다 들추어내다) 手(손 수) + 商(밑동 적)

指摘 가리킬 지 딸 적
摘發 딸 적 필 발
摘出 딸 적 날 출

謫 귀양 갈 적 言(말씀 언) + 商(밑동 적)

謫所 귀양 갈 적 바 소

敵 대적할 적 啇(밑동 적) + 攵(칠 복)

敵對視 대적할 적 대할 대 볼 시

赤字 붉을 적 글자 자 : 수입보다 지출이 많음

赤血球 붉을 적 피 혈 공 구

붉을 적

赫 빛날 혁 赤(붉을 적) + 赤(붉을 적)

赫業 빛날 혁 업 업 : 빛나는 업적

爀 불빛 혁 火(불 화) + 赫(빛날 혁)

赦 용서할 사 赤(붉을 적) + 攵(칠 복)

赦罪 용서할 사 허물 죄

特別赦免 특별할 특 다를 별 용서할 사 면할 면

展示 펼 전 보일 시
展望 펼 전 바랄 망
發展 필 발 펼 전
展覽會 펼 전 볼 람 모일 회

펼 전

輾 돌아누울 전 車(수레 거/차) + 展(펼 전)

輾轉 돌아누울 전 구를 전 : 누워서 뒤척거림

殿 전각 전(큰 집 궁전) 臀(볼기 둔) + 殳(몽둥이 수)

殿堂 전각 전 집 당
宮殿 집 궁 전각 전
集賢殿 모을 집 어질 현 전각 전

澱 앙금 전(찌꺼기) 水(물 수) + 殿(전각 전)

澱粉 앙금 전 가루 분
沈澱物 잠길 침 앙금 전 물건 물

臀 볼기 둔 殿(전각 전) + 月(육달 월)

臀部 볼기 둔 떼 부
臀腫 볼기 둔 종기 종 : 볼기짝에 난 종기

가게 전

廛鋪=廛房 가게 전 가게 포(펼 포) =
가게 전 방 방 : 가게

纏 얽을 전 糸(실 사) + 廛(가게 전)

糾纏 얽힐 규 얽을 전 : 서로 뒤얽힘
纏足 얽을 전 발 족 : 중국의 옛날 풍습

前後 앞 전 뒤 후
前進 앞 전 나아갈 진
前哨戰 앞 전 망볼 초 싸움 전

앞 전

煎 달일 전 前(앞 전) + 火(불 화)

煎餅 달일 전 떡 병
酒煎子 술 주 달일 전 아들 자

剪 자를 전 前(앞 전) + 刀(칼 도)

剪滅 자를 전 꺼질 멸 : 쳐부수어 멸함
剪除 자를 전 덜 제 : 잘라서 없애버림

箭 화살 전 竹(대 죽) + 前(앞 전)

弓箭 활 궁 화살 전
神機箭 귀신 신 틀 기 화살 전 : 폭발하도록 만든 화살

專 오로지 전

專攻 오로지 전 칠 공
專擔 오로지 전 멜 담
專念 오로지 전 생각 념

傳 전할 전 人(사람 인) + 專(오로지 전)

傳達 전할 전 통달할 달
傳播 전할 전 뿌릴 파
傳統 전할 전 거느릴 통
遺傳 남길 유 전할 전

轉 구를 전 車(수레 거/차) + 專(오로지 전)

轉換 구를 전 바꿀 환
轉嫁 구를 전 시집갈 가
轉落 구를 전 떨어질 락
榮轉 영화 영 구를 전

團 둥글 단(경단 단) 囗(에워쌀 위) + 專(오로지 전)

團體 둥글 단 몸 체
團束 둥글 단 묶을 속
團結 둥글 단 맺을 결

奠儀 제사 전 거동 의 : 경조사의 서식
遣奠祭 보낼 견 제사 전 제사 제 :
　　　　발인 때 문 앞에서 지내는 제사

정할 전(제사 전)

鄭 나라 정 奠(정할 정 제사 전) + 邑(고을 읍)

　　鄭重 나라 정 무거울 중 : 점잖고 묵직함

擲 던질 척 手(손 수) + 鄭(나라 정)

　　投擲 던질 투 던질 척
　　抛擲 던질 포 던질 척
　　快擲 쾌할 쾌 던질 척
　　擲柶 던질 척 수저 사 : 윷놀이
　　擲殺 던질 척 죽일 살 : 내던지어 죽임

折半 꺾을 절 반 반　　折衷 꺾을 절 속마음 충

挫折 꺾을 좌 꺾을 절　　夭折 일찍죽을 요 꺾을 절

屈折 굽힐 굴 꺾을 절　　骨折 뼈 골 꺾을 절

迂餘曲折 에돌 우 남을 여 굽을 곡 꺾을 절

꺾을 절

逝 갈 서(가다) 辶(쉬엄쉬엄 갈 착) + 折(꺾을 절)

* '죽음'의 의미로 많이 사용된다.

逝去 갈 서 갈 거 : 죽음의 높임말

傷逝 다칠 상 갈 서 : 죽음을 슬퍼함

誓 맹세할 서 折(꺾을 절) + 言(말씀 언)

宣誓 베풀 선 맹세할 서

盟誓 맹세 맹 맹세할 서 : 맹세의 본말

哲 밝을 철 折(꺾을 절) + 口(입 구)

哲學 밝을 철 배울 학

明哲 밝을 명 밝을 철 : 사리에 매우 밝음

뿌리글자로만 의미

병부 절

犯 범할 범 犬(개 견) + 巳(무릎 꿇은 병부 절)

犯罪 범할 범 허물 죄
輕犯 가벼울 경 범할 범
重犯 무거울 중 범할 범
侵犯 침노할 침 범할 범

氾 넘칠 범 水(물 수) + 巳(무릎 꿇은 병부 절)

氾濫 넘칠 범 넘칠 람

范 성씨 범(법 범) 艸(풀 초) + 氾(넘칠 범 뜰 범)

厄 액 액 厂(굴바위 엄) + 巳(무릎 꿇은 병부 절)

厄運 액 액 옮길 운
災厄 재앙 재 액 액
困厄 곤할 곤 액 액

扼 잡을 액 手(손 수) + 厄(액 액)

扼腕 잡을 액 팔뚝 완 : 분하여 주먹을 쥠
扼喉 잡을 액 목구멍 후 : 목을 누름

危 위태할 위 人(사람 인 – 변형) + 厂(굴바위 엄) + 㔾(무릎 꿇은 병부 절)

危殆 위태할 위 위태할 태
危險 위태할 위 험할 험
危機 위태할 위 틀 기
危篤 위태할 위 도타울 독

脆 연할 취 月(육달 월) + 危(위태할 위)

脆弱 연할 취 약할 약

詭 속일 궤 言(말씀 언) + 危(위태할 위)

詭辯 속일 궤 말씀 변

占術 점칠 점 재주 술
占領 점령할 점 거느릴 령
占據 점령할 점 근거 거
獨寡占 홀로 독 적을 과 점령할 점

점령할 점(점칠 점)

粘 붙을 점 米(쌀 미) + 占(점령할 점 점칠 점)

粘土 붙을 점 흙 토
粘膜 붙을 점 꺼풀 막

點 점 점 黑(검을 흑) + 占(점칠 점 점령할 점)

點數 점 점 셈 수
採點 캘 채 점 점
焦點 탈 초 점 점
接點 이을 접 점 점
長點 길 장 점 점
短點 짧을 단 점 점
缺點 이지러질 결 점 점
虛點 빌 허 점 점

霑 젖을 점 雨(비 우) + 水(물 수) + 占(점령할 점 점칠 점)

霑潤 젖을 점 불을 윤 : 비에 젖어 부은 것
霑濕 젖을 점 젖을 습 : 물기에 젖음

貼 붙일 첩 貝(조개 패) + 占(점령할 점 점칠 점)

每貼 매양 매 붙일 첩

貼付 붙일 첩 줄 부 : 착 달라붙게 함

帖 문서 첩 巾(수건 건) + 占(점령할 점 점칠 점)

手帖 손 수 문서 첩

畫帖 그림 화 문서 첩

寫眞帖 베낄 사 참 진 문서 첩

站 역마을 참 立(설 립) + 占(점령할 점 점칠 점)

兵站 병사 병 역마을 참

驛站 역 역 역마을 참 : 역마를 바꾸어 타는 곳

砧 다듬잇돌 침 石(돌 석) + 占(점령할 점 점칠 점)

搗砧 찧을 도 다듬잇돌 침 : 다듬질을 함

砧聲 다듬잇돌 침 소리 성 : 다듬질 하는 소리

正直 바를 정 곧을 직
正確 바를 정 굳을 확
正鵠 바를 정 과녁 곡
嚴正 엄할 엄 바를 정

바를 정

政 정사 정 正(바를 정) + 攵(칠 복)

政治 정사 정 다스릴 치
政府 정사 정 마을 부
政策 정사 정 꾀 책

征 칠 정 彳(걸을 척) + 正(바를 정)

征伐 칠 정 칠 벌
征服 칠 정 옷 복
遠征隊 멀 원 칠 정 무리 대

整 가지런할 정 束(묶을 속) + 攵(칠 복) + 正(바를 정)

調整 고를 조 가지런할 정
整備 가지런할 정 갖출 비
整頓 가지런할 정 조아릴 돈

症 증세 증 疒(병들어 기댈 녁) + 正(바를 정)

症勢 증세 증 형세 세
症候群 증세 증 기후 후 무리 군

焉 어찌 언 새의 모양을 본뜬 상형문자

焉敢生心 어찌 언 감히 감 날 생 마음 심

歪 기울 왜 不(아닐 불) + 正(바를 정)

歪曲 기울 왜 굽을 곡

壯丁 장할 장 장정 정
兵丁 병사 병 장정 정

장정 정(고무래 정)

訂 바로잡을 정 言(말씀 언) + 丁(장정 정 고무래 정)

訂正 바로잡을 정 바를 정
改訂 고칠 개 바로잡을 정
修訂 닦을 수 바로잡을 정
校訂 학교 교 바로잡을 정 : 출판물의 오타를 고침

酊 술 취할 정 酒(술 주 - 변형) + 丁(장정 정 고무래 정)

酒酊 술 주 술 취할 정
酩酊 술 취할 명 술 취할 정 : 곤드레만드레 취함
乾酒酊 마를 건 술 주 술 취할 정 : 취한척함

汀 물가 정 水(물 수) + 丁(장정 정 고무래 정)

汀岸 물가 정 언덕 안 : 물가

町 밭두둑 정 田(밭 전) + 丁(장정 정 고무래 정)

町步 밭두둑 정 걸음 보 : 1정보 = 3000평

釘 못 정 金(쇠 금) + 丁(장정 정 고무래 정)

曲釘 굽을 곡 못 정 : 대가리가 꼬부라진 못

亭 정자 정 高(높을 고 - 변형) + 丁(장정 정 고무래 정)

老人亭 늙을 로 사람 인 정자 정

停 머무를 정 人(사람 인) + 亭(정자 정)

停止 머무를 정 그칠 지
停滯 머무를 정 막힐 체
停電 머무를 정 번개 전
停車 머무를 정 수레 차
停留場 머무를 정 머무를 류 마당 장
停年退職 머무를 정 해 년 물러날 퇴 직분 직

頂 정수리 정 丁(장정 정 고무래 정) + 頁(머리 혈)

頂上 정수리 정 윗 상
頂點 정수리 정 점 점
絶頂 끊을 절 정수리 정

寧 편안할 녕/령 宀(집 면) + 心(마음 심) + 皿(그릇 명) + 丁(장정 정 고무래 정)

安寧 편안 안 편안할 녕
康寧 편안 강 편안할 녕
保寧郡 지킬 보 편안할 령 고을 군

廷 조정 정

朝廷 아침 조 조정 정 : 정치를 의논하던 곳
宮廷 집 궁 조정 정 : 임금이 거처하는 대궐

珽 옥 이름 정 玉(구슬 옥) + 廷(조정 정)

珽水植物 옥 이름 정 물 수 심을 식 물건 물 : 뿌리만 진흙에 있는 수생식물

艇 배 정 舟(배 주) + 廷(조정 정)

艦艇 큰 배 함 배 정
警備艇 경계할 경 갖출 비 배 정
魚雷艇 물고기 어 우레 뢰 배 정

挺 빼어날 정 手(손 수) + 廷(조정 정)

挺身 빼어날 정 몸 신 : 무슨 일에 앞장서 감

庭 뜰 정 广(집 엄) + 廷(조정 정)

庭園 뜰 정 동산 원
法庭 법 법 뜰 정
親庭 친할 친 뜰 정
家庭婦 집 가 뜰 정 며느리 부

決定 결단할 결 정할 정 　認定 알 인 정할 정

豫定 미리 예 정할 정 　規定 법 규 정할 정

推定 밀 추 정할 정 　指定 가리킬 지 정할 정

暫定 잠깐 잠 정할 정 　肯定 즐길 긍 정할 정

錠 덩이 정(덩어리) 金(쇠 금) + 定(정할 정)

錠劑 덩이 정 약제 제 : 가루약을 뭉친 약제

碇 닻 정 石(돌 석) + 定(정할 정)

碇泊 닻 정 배 댈 박 : 배가 닻을 내리고 머무름

綻 터질 탄 糸(실 사) + 定(정할 정)

綻露 터질 탄 이슬 로

破綻 깨뜨릴 파 터질 탄

*正 : '행위'의 올바름 / 貞 : '마음'의 올바름

貞淑 곧을 정 맑을 숙

貞節 곧을 정 마디 절

貞潔 곧을 정 깨끗할 결

忠貞 충성 충 곧을 정

곧을 정

偵 염탐할 정 人(사람 인) + 貞(곧을 정)

偵察 염탐할 정 살필 찰

密偵 빽빽할 밀 염탐할 정

探偵 찾을 탐 염탐할 정

幀 그림 족자 정/탱 巾(수건 건) + 貞(곧을 정)

影幀 그림자 영 그림족자 정 : 제사 때 죽은 이 사진

幀畫 그림족자 탱 그림 화 : 그림 그려 벽에 거는 불상

楨 광나무 정 木(나무 목) + 貞(곧을 정)

禎 상서로울 정 示(보일 시) + 貞(곧을 정)

獻呈 드릴 헌 드릴 정
贈呈 줄 증 드릴 정
謹呈 삼갈 근 드릴 정 : 삼가 증정함

드릴 정

程 한도 정 禾(벼 화) + 呈(드릴 정)

程度 한도 정 법도 도
日程 날 일 한도 정
課程 과정 과 한도 정

逞 쾌할 령 辶(쉬엄쉬엄 갈 착) + 呈(드릴 정)

逞兵 쾌할 령 병사 병 : 뛰어나게 강한 병사

聖 성인 성 耳(귀 이) + 呈(드릴 정)

神聖 귀신 신 성인 성
聖賢 성인 성 어질 현 : 성인과 현인
聖誕節 성인 성 낳을 탄 마디 절 : 크리스마스

一齊 한 일 가지런할 제
齊家 가지런할 제 집 가 : 집안을 바로 다스림

가지런할 제

濟 건널 제 水(물 수) + 齊(가지런할 제)

經濟 지날 경 건널 제
救濟 구원할 구 건널 제
決濟 결단할 결 건널 제
辨濟 분별할 변 건널 제

劑 약제 제 齊(가지런할 제) + 刀(칼 도)

鎭痛劑 진압할 진 아플 통 약제 제
觸媒劑 닿을 촉 중매 매 약제 제

齋 재계할 재(집 재) 齊(가지런할 제) + 示(보일 시)

書齋 글 서 집 재
沐浴齋戒 머리감을 목 목욕할 욕 재계할 재 경계할 계

뿌리
글자

制

절제할 제

制裁 절제할 제 마를 재
牽制 이끌 견 절제할 제
統制 거느릴 통 절제할 제

製 지을 제 制(절제할 제) + 衣(옷 의)

創製 비롯할 창 지을 제
複製 겹칠 복 지을 제
縫製 꿰맬 봉 지을 제
製菓 지을 제 과자 과

皇帝 임금 황 임금 제
帝位 임금 제 자리 위 : 임금의 자리

임금 제

啼 울 제 口(입 구) + 帝(임금 제)

啼聲 울 제 소리 성 : 동물의 울음소리
啼血 울 제 피 혈 : 피를 토하며 욺

*울음의 종류
哭(울 곡) : 소리 내어 우는 것
泣(울 읍) : 소리 없이 가슴 속으로 우는 것
鳴(울 명) : 새가 우는 것
啼(울 제) : 새나 짐승들이 우는 것 & 특별히 우는 것
呱(울 고) : 어린 아이가 외로워서 우는 것

蹄 굽 제(발 굽) 足(발 족) + 帝(임금 제)

口蹄疫 입 구 굽 제 전염병 역 : 발굽이 2개인 소 돼지 등의 전염병

締 맺을 체 糸(실 사) + 帝(임금 제)

締結 맺을 체 맺을 결

諦 살필 체 言(말씀 언) + 帝(임금 제)

要諦 요긴할 요 살필 체 : 중요한 점을 깨달음

祭祀 제사 제 제사 사
祭器 제사 제 그릇 기
祭壇 제사 제 단 단
祝祭 빌 축 제사 제

제사 제

際 즈음 제(가 제) 阜(언덕 부) + 祭(제사 제)

交際 사귈 교 즈음 제
國際 나라 국 즈음 제
實際 열매 실 즈음 제

察 살필 찰 宀(집 면) + 祭(제사 제)

警察 경계할 경 살필 찰
檢察 검사할 검 살필 찰
觀察 볼 관 살필 찰

擦 문지를 찰 手(손 수) + 察(살필 찰)

摩擦 문지를 마 문지를 찰
擦過傷 문지를 찰 지날 과 다칠 상

蔡 성씨 채 艸(풀 초) + 祭(제사 제)

早期 이를 조 기약할 기
早速 이를 조 빠를 속
早熟 이를 조 익을 숙
早晩間 이를 조 늦을 만 사이 간

이를 조(일찍)

草 풀 초 艸(풀 초) + 早(이를 조)

草綠 풀 초 푸를 록
草案 풀 초 책상 안

卓 높을 탁 上(윗 상) + 早(이를 조)

卓越 높을 탁 넘을 월
卓球 높을 탁 공 구
食卓 먹을 식 높을 탁
卓上空論 높을 탁 윗 상 빌 공 논할 론(논)

綽 너그러울 작 糸(실 사) + 卓(높을 탁)

綽態 너그러울 작 모습 태 : 여유 있고 침착한 모습

悼 슬퍼할 도 心(마음 심) + 卓(높을 탁)

哀悼 슬플 애 슬퍼할 도
追悼辭 쫓을 추 슬퍼할 도 말씀 사

掉 흔들 도 手(손 수) + 卓(높을 탁)

掉頭 흔들 도 머리 두 : 부정의 뜻으로 머리 흔듦
掉尾 흔들 도 꼬리 미 : 끝판에 더욱 힘차게 함

朝會 아침 조 모일 회
朝餐 아침 조 밥 찬
朝飯 아침 조 밥 반

아침 조

潮 밀물 조(조수 조) 水(물 수) + 朝(아침 조)

* 아침 : 潮水 = 潮(조수 조) / 저녁 : 潮水 = 汐(조수 석)

潮流 밀물 조 흐를 류
滿潮 찰 만 밀물 조
防潮堤 막을 방 밀물 조 둑 제

嘲 비웃을 조 口(입 구) + 朝(아침 조)

嘲笑 비웃을 조 웃음 소
嘲弄 비웃을 조 희롱할 롱
自嘲的 스스로 자 비웃을 조 과녁 적 : 스스로 자기를 비웃음

廟 사당 묘 广(집 엄) + 朝(아침 조)

宗廟 마루 종 사당 묘 : 왕실의 사당

74

弔喪 조상할 조 잃을 상 : 상가 집에서의 인사
謹弔 삼갈 근 조상할 조 : 삼가 조상함
弔意金 조상할 조 뜻 의 쇠 금
慶弔事 경사 경 조상할 조 일 사 : 경사와 조사

조상할 조

弟 아우 제 활을 들고 노는 아우의 모습을 본뜬 상형문자

兄弟 형 형 아우 제
弟子 아우 제 아들 자
師弟 스승 사 아우 제

悌 공손할 제 心(마음 심) + 弟(아우 제)

孝悌 효도 효 공손할 제 : 효도와 우애
不悌 아닐 부 공손할 제 : 공손하지 못함

梯 사다리 제 木(나무 목) + 弟(아우 제)

階梯 섬돌 계 사다리 제 : 차차 진행되는 순서

第 차례 제 竹(대 죽) + 弟(아우 제 – 변형)

第一 차례 제 한 일
及第 미칠 급 차례 제
落第 떨어질 락 차례 제
第三者 차례 제 석 삼 놈 자 : 당사자 밖의 사람

涕 눈물 체 水(물 수) + 弟(아우 제)

涕淚 눈물 체 눈물 루

涕泣 눈물 체 울 읍 : 눈물을 흘리며 욺

掩涕 가릴 엄 눈물 체 : 우는 얼굴을 감춤

法曹人 법 법 무리 조 사람 인
曹溪宗 무리 조 시내 계 마루 종

무리 조(성씨 조)

槽 구유 조 木(나무 목) + 曹(무리 조 성씨 조)

浴槽 목욕할 욕 구유 조
油槽船 기름 유 구유 조 배 선

遭 만날 조 辶(쉬엄쉬엄 갈 착) + 曹(무리 조 성씨 조)

遭遇 만날 조 만날 우
遭難 만날 조 어려울 난 : 재난을 만남

糟 지게미 조(찌꺼기) 米(쌀 미) + 曹(무리 조 성씨 조)

糟粕 지게미 조 지게미 박

漕 배로 실어 나를 조 水(물 수) + 曹(무리 조 성씨 조)

漕運船 배로 실어 나를 조 옮길 운 배 선

鳥 새 조

鳥類 새 조 무리 류
鳥瞰圖 새 조 굽어볼 감 그림 도 :
　　　　위에서 내려다본 상태의 그림 지도

鳴 울 명 口(입 구) + 鳥(새 조)

悲鳴 슬플 비 울 명
自鳴鐘 스스로 자 울 명 쇠북 종

烏 까마귀 오 까마귀는 검기 때문에 새의(鳥 – 새 조) 눈동자를(一) 뺀 모양을 본뜬 상형문자

烏骨鷄 까마귀 오 뼈 골 닭 계

嗚 슬플 오 口(입 구) + 烏(까마귀 오)

嗚咽 슬플 오 목멜 열

島 섬 도 鳥(새 조 – 변형) + 山(뫼 산)

島嶼 섬 도 섬 서

搗 찧을 도 手(손 수) + 島(섬 도)

搗精 찧을 도 정할 정

鴛 원앙 원 夗(누워 뒹굴 원) + 鳥(새 조)

鴛鴦 원앙 원 원앙 앙

鳳 봉새 봉(봉황) 凡(무릇 범) + 鳥(새 조)

* 봉황(鳳凰)은 상상의 새로서 : 수컷은 봉(鳳) 암컷은 황(凰)이다.
鳳凰 봉새 봉 봉황 황

鳶 솔개 연 弋(주살 익) + 鳥(새 조)

揚鳶 날릴 양 솔개 연 : 연날리기

鷲 독수리 취 就(나아갈 취) + 鳥(새 조)

禿鷲 대머리 독 독수리 취

鴻 기러기 홍 江(강 강) + 鳥(새 조)

鴻雁 기러기 홍 기러기 안

鷹 매 응 雁(매 응) + 鳥(새 조)

鷹視 매 응 볼 시 : 매처럼 부릅뜨고 봄

鵠 고니 곡(과녁 곡) 告(고할 고) + 鳥(새 조)

正鵠 바를 정 과녁 곡
寡鵠 적을 과 고니 곡 : 배우자를 잃은 사람

鵲 까치 작 昔(예 석) + 鳥(새 조)

烏鵲橋 까마귀 오 까치 작 다리 교

鴟 올빼미 치 氏(근본 저) + 鳥(새 조)

角鴟 뿔 각 올빼미 치

鴞 부엉이 효 号(이름 호 부르짖을 호) + 鳥(새 조)

鴟鴞 올빼미 치 부엉이 효

鵬 붕새 붕 朋(벗 붕) + 鳥(새 조)

* 붕새 : 하루에 구만 리를 날아간다는 상상의 새
鵬翼 붕새 붕 날개 익

鷄 닭 계 奚(어찌 해) + 鳥(새 조)

鷄卵 닭 계 알 란
養鷄 기를 양 닭 계

鴨 오리 압 甲(갑옷 갑) + 鳥(새 조)

鴨獵 오리 압 사냥 렵 : 오리 사냥을 함

鵝 거위 아 我 + 鳥(새 조)

刻鵠類鵝 새길 각 고니 곡 무리 유(류) 거위 아

鷗 갈매기 구 區(구분할 구 지경 구) + 鳥(새 조)

鷗鷺 갈매기 구 해오라기 로(백로 로)

鳩 비둘기 구 九(아홉 구) + 鳥(새 조)

鳴鳩 울 명 비둘기 구 : 산비둘기

鵑 두견이 견 肙(장구벌레 연) + 鳥(새 조)

杜鵑 막을 두 두견이 견 : 두견새 또는 진달래

鸚 앵무새 앵 嬰(어린아이 영) + 鳥(새 조)

鸚鵡 앵무새 앵 앵무새 무

鶯 꾀꼬리 앵 榮(영화 영 – 변형) + 鳥(새 조)

鶯舌 꾀꼬리 앵 혀 설

鶻 송골매 골 骨(뼈 골) + 鳥(새 조)

松鶻 소나무 송 송골매 골

鶴 학 학 鳥(새 조) + 雀(고상할 각 새 높이 날 확)

鶴首苦待 학 학 머리 수 쓸 고 기다릴 대

鼠蚤 쥐 서 벼룩 조 : 쥐벼룩

벼룩 조

騷 떠들 소 馬(말 마) + 蚤(벼룩 조)

騷亂 떠들 소 어지러울 란
騷音 떠들 소 소리 음
騷動 떠들 소 움직일 동
騷擾 떠들 소 시끄러울 요 : 여럿이 들고 일어남

搔 긁을 소 手(손 수) + 蚤(벼룩 조)

搔頭 긁을 소 머리 두 : 머리를 긁음
搔爬 긁을 소 긁을 파 : 조직을 긁어 떼어냄

瘙 피부병 소 疒(병들어 기댈 녁) + 蚤(벼룩 조)

皮膚瘙癢症 가죽 피 살갗 부 피부병 소 가려울 양 증세 증

뿌리글자로만 의미

울 조/소

燥 마를 조 火(불 화) + 喿(울 조/소)

乾燥 마를 건 마를 조
焦燥 탈 초 마를 조

操 잡을 조 手(손 수) + 喿(울 조/소)

操縱 잡을 조 세로 종
操心 잡을 조 마음 심
體操 몸 체 잡을 조
志操 뜻 지 잡을 조

躁 조급할 조 足(발 족) + 喿(울 조/소)

躁急 조급할 조 급할 급
狂躁 미칠 광 조급할 조 : 미쳐서 날뜀
躁鬱病 조급할 조 답답할 울 병 병 : 흥분과 조울이 반복

繰 야청 통견 조 糸(실 사) + 喿(울 조/소)

*야청 통견 : 검푸른 빛의 얇은 비단
繰絲 야청 통견 조 실 사 : 고치에서 실을 뽑아냄

마름 조(수초) 艹(풀 초) + 澡(씻을 조)

綠藻 푸를 록 마름 조 : 녹색을 띤 해초

海藻類 바다 해 마름 조 무리 류 : 김 미역 등

兆朕 조짐 조 나 짐
徵兆 부를 징 조짐 조

조 조(조짐 조)

眺 바라볼 조 目(눈 목) + 兆(조 조 조짐 조)

眺望 바라볼 조 바랄 망

跳 뛸 도 足(발 족) + 兆(조 조 조짐 조)

跳躍 뛸 도 뛸 약
走幅跳 달릴 주 폭 폭 뛸 도 : 멀리뛰기

逃 도망할 도 辶(쉬엄쉬엄 갈 착) + 兆(조 조 조짐 조)

逃亡 도망할 도 망할 망
逃走 도망할 도 달릴 주
逃避處 도망할 도 피할 피 곳 처

桃 복숭아 도 木(나무 목) + 兆(조 조 조짐 조)

桃花 복숭아 도 꽃 화
扁桃腺 작을 편 복숭아 도 샘 선

挑 돋울 도 手(손 수) + 兆(조 조 조짐 조)

挑戰 돋울 도 싸움 전
挑發 돋울 도 필 발

姚 예쁠 요 女(여자 녀) + 兆(조 조 조짐 조)

族 겨레 족

家族 집 가 겨레 족
親族 친할 친 겨레 족
貴族 귀할 귀 겨레 족
遺族 남길 유 겨레 족

簇 가는 대 족(모일 족) 竹(대 죽) + 族(겨레 족)

簇子 가는 대 족 아들 자
簇擁 모일 족 낄 옹 : 빽빽이 둘러싸 보호함

嗾 부추길 주 口(입 구) + 族(겨레 족)

使嗾 부릴 사 부추길 주
嗾囑 부추길 주 부탁할 촉 : 꾀어내 부추겨 시킴

尊 높을 존

尊重 높을 존 무거울 중 　尊敬 높을 존 공경 경
尊嚴 높을 존 엄할 엄 　尊稱 높을 존 일컬을 칭
自尊 스스로 자 높을 존

樽 술통 준 木(나무 목) + 尊(높을 존)

樽酒 술통 준 술 주 : 통에다 넣어 빚은 술

遵 좇을 준 辶(쉬엄쉬엄 갈 착) + 尊(높을 존)

遵守 좇을 준 지킬 수
遵法精神 좇을 준 법 법 정할 정 귀신 신

卒業 마칠 졸 업 업　　卒倒 마칠 졸 넘어질 도
腦卒中 골 뇌 마칠 졸 가운데 중 : 중풍
卒兵 군사 졸 병사 병　　捕卒 잡을 포 군사 졸
邏卒 순라 라 군사 졸　　驛卒 역 역 군사 졸

마칠 졸(군사 졸)

猝 갑자기 졸 犬(개 견) + 卒(마칠 졸 군사 졸)

猝富 갑자기 졸 부유할 부
猝地 갑자기 졸 땅 지

悴 파리할 췌 心(마음 심) + 卒(마칠 졸 군사 졸)

憔悴 파리할 초 파리할 췌
悴顔 파리할 췌 낯 안

萃 모을 췌 艸(풀 초) + 卒(마칠 졸 군사 졸)

拔萃 뽑을 발 모을 췌 : 글 중에 요점을 뽑음

膵 췌장 췌(이자) 月(육달 월) + 萃(모을 췌)

膵臟 췌장 췌 오장 장
膵液 췌장 췌 진 액

醉 취할 취 酒(술 주 - 변형) + 卒(마칠 졸 군사 졸)

心醉 마음 심 취할 취
痲醉 저릴 마 취할 취
陶醉 질그릇 도 취할 취

翠 푸를 취(물총새 취) 羽(깃 우) + 卒(마칠 졸 군사 졸)

翡翠 물총새 비 푸를 취

碎 부술 쇄 石(돌 석) + 卒(마칠 졸 군사 졸)

粉碎 가루 분 부술 쇄

碎屑 부술 쇄 가루 설 : 깨진 부스러기

粹 순수할 수 米(쌀 미) + 卒(마칠 졸 군사 졸)

純粹 순수할 순 순수할 수

國粹主義 나라 국 순수할 수 주인 주 옳을 의 :

자기 나라 것만이 우수하다고 믿음

宗敎 마루 종 가르칠 교
宗廟 마루 종 사당 묘 : 왕실의 사당

마루 종(근본, 으뜸)

綜 모을 종 糸(실 사) + 宗(마루 종)

綜合 모을 종 합할 합

踪 자취 종 足(발 족) + 宗(마루 종)

失踪 잃을 실 자취 종

琮 옥홀 종 玉(구슬 옥) + 宗(마루 종)

崇 높을 숭 山(뫼 산) + 宗(마루 종)

崇拜 높을 숭 절 배
崇尙 높을 숭 오히려 상
崇高 높을 숭 높을 고

從

順從 순할 순 좇을 종   服從 옷 복 좇을 종

追從 쫓을 추 좇을 종   從屬 좇을 종 무리 속

從業員 좇을 종 업 업 인원 원

從量制 좇을 종 헤아릴 량 절제할 제

좇을 종

縱 세로 종 糸(실 사) + 從(좇을 종)

縱斷 세로 종 끊을 단 : 남북으로 지나감

放縱 놓을 방 세로 종 : 제 멋대로 행동함

操縱士 잡을 조 세로 종 선비 사

縱橫無盡 세로 종 가로 횡 없을 무 다할 진

慫 권할 종 從(좇을 종) + 心(마음 심)

慫慂 권할 종 권할 용 : 잘 달래어 권함

聳 솟을 용 從(좇을 종) + 耳(귀 이)

聳出 솟을 용 날 출 : 우뚝 솟아남

坐板 앉을 좌 널빤지 판　　坐礁 앉을 좌 암초 초
坐視 앉을 좌 볼 시　　　　坐向 앉을 좌 향할 향
跏趺坐 책상다리할 가 책상다리할 부 앉을 좌
連坐制 잇닿을 련 앉을 좌 절제할 제

앉을 좌

座　자리 좌 广(집 엄) + 坐(앉을 좌)

座席 자리 좌 자리 석
座標 자리 좌 표할 표
講座 외울 강 자리 좌
計座 셀 계 자리 좌
座談會 사리 좌 밀씀 팀 모일 회
碩座敎授 클 석 자리 좌 가르칠 교 줄 수

挫　꺾을 좌 手(손 수) + 坐(앉을 좌)

挫折 꺾을 좌 꺾을 절
捻挫 비틀 념 꺾을 좌

뿌리글자

周 두루 주

周圍 두루 주 에워쌀 위
周邊 두루 주 가 변
周知 두루 주 알 지
周旋 두루 주 돌 선

週 돌 주 辶(쉬엄쉬엄 갈 착) + 周(두루 주)

週末 돌 주 끝 말
週期 돌 주 기약할 기
隔週 사이 뜰 격 돌 주

調 고를 조(조절하다) 言(말씀 언) + 周(두루 주)

調節 고를 조 마디 절
調査 고를 조 조사할 사
調律 고를 조 법칙 율
調味料 고를 조 맛 미 헤아릴 료

稠 빽빽할 조 禾(벼 화) + 周(두루 주)

奧密稠密 깊을 오 빽빽할 밀 빽빽할 조 빽빽할 밀

凋 시들 조 氷(얼음 빙) + 周(두루 주)

枯凋 마를 고 시들 조
凋弊 시들 조 폐단 폐 : 시들어 없어짐

94

彫 새길 조 周(두루 주) + 彡(터럭 삼)

彫刻 새길 조 새길 각
彫塑 새길 조 흙 빚을 소

朱黃 붉을 주 누를 황
紫朱 지줏빛 자 붉을 주
印朱 도장 인 붉을 주

붉을 주

株 그루 주 木(나무 목) + 朱(붉을 주)

* 그루 : 근본 뿌리 경제의 근본인 주식

株式 그루 주 법 식
株價 그루 주 값 가
株券 그루 주 문서 권
株主 그루 주 임금 주

珠 구슬 주 玉(구슬 옥) + 朱(붉을 주)

珠玉 구슬 주 구슬 옥
眞珠 참 진 구슬 주

誅 벨 주 言(말씀 언) + 朱(붉을 주)

誅伐 벨 주 칠 벌 : 죄인을 꾸짖어서 침
誅滅 벨 주 꺼질 멸 : 죄인을 죽임

洙 물가 수 水(물 수) + 朱(붉을 주)

殊 다를 수 歹(뼈 앙상할 알) + 朱(붉을 주)

特殊 특별할 특 다를 수

96

殊邦 다를 수 나라 방 : 다른 나라

銖 저울눈 수 金(쇠 금) + 朱(붉을 주)

銖積寸累 저울눈 수 쌓을 적 마디 촌 여러 루 : 아주 적더라도 쌓이면 큰 것이 됨

州 고을 주

濟州道 건널 제 고을 주 길 도

洲 물가 주 水(물 수) + 州(고을 주)

濠洲 호주 호 물가 주
美洲 아름다울 미 물가 주
滿洲 찰 만 물가 주
三角洲 석 삼 뿔 각 물가 주

酬 갚을 수 酒(술 주 – 변형) + 州(고을 주)

酬恩 갚을 수 은혜 은 : 은혜를 갚음
報酬 갚을 보 갚을 수 : 고마움을 갚음

98

뿌리글자로만 의미

하인 주(세울 수)

樹 나무 수 木(나무 목) + 尌(하인 주 세울 수)

* 木 : 죽은 나무도 해당 / 樹 : 살아있는 나무만 해당
樹木 나무 수 나무 목
街路樹 거리 가 길 로 나무 수

廚 부엌 주 广(집 엄) + 尌(하인 주 세울 수)

廚房 부엌 주 방 방

鼓 북 고 壴(악기 이름 주) + 支(지탱할 지)

鼓吹 북 고 불 취

임금 주(주인 주)

主體	주인 주 몸 체	主題	주인 주 제목 제
主宰	주인 주 재상 재	主導	주인 주 인도할 도
主張	주인 주 베풀 장	主催	주인 주 재촉할 최
主觀	주인 주 볼 관	主權	주인 주 권세 권

住 살 주 人(사람 인) + 主(주인 주 임금 주)

住宅 살 주 집 택(댁)
住所 살 주 바 소
常住 항상 상 살 주
移住 옮길 이 살 주

柱 기둥 주 木(나무 목) + 主(주인 주 임금 주)

脊柱 등마루 척 기둥 주
電信柱 번개 전 믿을 신 기둥 주

注 부을 주(물을 붓다) 水(물 수) + 主(주인 주 임금 주)

注射 부을 주 쏠 사
注視 부을 주 볼 시
注目 부을 주 눈 목
注意 부을 주 뜻 의
注油 부을 주 기름 유

註 글 뜻 풀 주 言(말씀 언) + 主(주인 주 임금 주)

註釋 글 뜻 풀 주 풀 석 : 문장의 뜻을 풀이함

駐 머무를 주 馬(말 마) + 主(주인 주 임금 주)

駐屯 머무를 주 진 칠 둔
駐車場 머무를 주 수레 차(거) 마당 장
駐在員 머무를 주 있을 재 인원 원

往 갈 왕 彳(걸을 척) + 主(주인 주 임금 주)

往復 갈 왕 회복할 복
旣往 이미 기 갈 왕

繼走 이을 계 달릴 주

달릴 주

起 일어날 기 走(달릴 주) + 己(몸 기)

蜂起 벌 봉 일어날 기

赴 다다를 부 走(달릴 주) + 卜(점 복)

赴任 다다를 부 맡길 임

越 넘을 월 走(달릴 주) + 戊(천간 무 − 변형)

超越 뛰어넘을 초 넘을 월

趙 나라 조(성씨 조) 走(달릴 주) + 肖(닮을 초)

趣 뜻 취 走(달릴 주) + 取(가질 취)

趣旨 뜻 취 뜻 지

趨 달아날 추 走(달릴 주) + 芻(꼴 추)

趨勢 달아날 추 형세 세

超 뛰어넘을 초 走(달릴 주) + 召(부를 소)

超能力 뛰어넘을 초 능할 능 힘 력

徒 무리 도 彳(걸을 척) + 走(달릴 주)

信徒 믿을 신 무리 도

아뢸 주

演奏 펼 연 아뢸 주 : 악기를 다루어 들려줌

奏效 아뢸 주 본받을 효 : 효력이 나타남

輳 몰려들 주 車(수레 거/차) + 奏(아뢸 주)

輻輳 바퀴살 폭(바퀴살 복) 몰려들 주 : 한 곳으로 많이 몰려듦

뿌리글자로만 의미

천천히 걷는 모양 준

俊 준걸 준 人(사람 인) + 夋(천천히 걷는 모양 준)

俊傑 준걸 준 뛰어날 걸
俊秀 준걸 준 빼어날 수

駿 준마 준 馬(말 마) + 夋(천천히 걷는 모양 준)

駿馬 준마 준 말 마 : 빨리 달리는 좋은 말
駿足 준마 준 발 족 : 빨리 달리는 사람

浚 깊게 할 준 水(물 수) + 夋(천천히 걷는 모양 준)

浚渫 깊게 할 준 파낼 설 : 물의 깊이를 높이는 일

峻 높을 준 山(뫼 산) + 夋(천천히 걷는 모양 준)

險峻 험할 험 높을 준 : 지세가 험하고 가파름
峻嚴 높을 준 엄할 엄 : 매우 엄격함

埈 높을 준 土(흙 토) + 夋(전전히 걷는 모양 준)

竣 마칠 준 立(설 립) + 夋(천천히 걷는 모양 준)

竣工 마칠 준 장인 공 : 공사를 모두 마침

悛 고칠 전 心(마음 심) + 夋(천천히 걷는 모양 준)

改悛 고칠 개 고칠 전 : 잘못을 뉘우쳐 고침

唆 부추길 사 口(입 구) + 夋(천천히 걷는 모양 준)

示唆 보일 시 부추길 사
教唆 가르칠 교 부추길 사

酸 실 산 酒(술 주 - 변형) + 夋(천천히 걷는 모양 준)

酸性 실 산 성품 성
鹽酸 소금 염 실 산
窒酸 막힐 질 실 산
酸素 실 산 본디 소
酸化 실 산 될 화

重要 무거울 중 요긴할 요　重複 무거울 중 겹칠 복
愼重 삼갈 신 무거울 중　嚴重 엄할 엄 무거울 중
貴重 귀할 귀 무거울 중

무거울 중

鍾 쇠북 종　金(쇠 금) + 重(무거울 중)

* 鐘 : 통자(通字)로서 혼용하여 쓴다.
警鐘 경계할 경 쇠북 종

種 씨 종　禾(벼 화) + 重(무거울 중)

種目 씨 종 눈 목
種類 씨 종 무리 류
業種 업 업 씨 종
種族 씨 종 겨레 족
滅種 꺼질 멸 씨 종

腫 종기 종　月(육달 월) + 重(무거울 중)

腫氣 종기 종 기운 기
腫瘍 종기 종 헐 양

踵 발꿈치 종　足(발 족) + 重(무거울 중)

擧踵 들 거 발꿈치 종 : 발 세우고 몹시 기다림
旋踵 돌 선 발꿈치 종 : 발길을 돌림

衝 찌를 충 行(다닐 행) + 重(무거울 중)

衝突 찌를 충 갑자기 돌
衝擊 찌를 충 칠 격
緩衝 느릴 완 찌를 충

動 움직일 동 重(무거울 중) + 力(힘 력)

運動 옮길 운 움직일 동
騷動 떠들 소 움직일 동

董 감독할 동 艸(풀 초) + 重(무거울 중)

骨董品 뼈 골 감독할 동 물건 품

慟 서러워할 통 心(마음 심) + 動(움직일 동)

慟哭 서러워할 통 울 곡
悲慟 슬플 비 서러워할 통

* '거듭'이란 뜻도 있다.

曾孫子 일찍 증 손자 손 아들 자

일찍 증

憎 미울 증 心(마음 심) + 曾(일찍 증 거듭 증)

憎惡 미울 증 미워할 오
愛憎 사랑 애 미울 증 : 미워하면서도 사랑함
可憎 옳을 가 미울 증 : 얄미움

贈 줄 증 貝(조개 패) + 曾(일찍 증 거듭 증)

贈與 줄 증 줄 여
寄贈 부칠 기 줄 증

增 더할 증 土(흙 토) + 曾(일찍 증 거듭 증)

增加 더할 증 더할 가
增額 더할 증 이마 액
增殖 더할 증 불릴 식
增幅 더할 증 폭 폭
漸增 점점 점 더할 증

僧 중 승 人(사람 인) + 曾(일찍 증 거듭 증)

僧侶 중 승 짝 려
高僧 높을 고 중 승 : 지위가 높은 승려

層 층 층 尸(주검 시) + 曾(일찍 증 거듭 증)

階層 섬돌 계 층 층
深層 깊을 심 층 층
年齡層 해 년 나이 령 층 층

支 지탱할 지

依支 의지할 의 지탱할 지　支撑 지탱할 지 버틸 탱
支持 지탱할 지 가질 지　支配 지탱할 지 나눌 배
支援 지탱할 지 도울 원　支給 지탱할 지 줄 급
支拂 지탱할 지 떨칠 불　支障 지탱할 지 막을 장

枝 가지 지　木(나무 목) + 支(지탱할 지)

枝葉 가지 지 잎 엽 : 중요하지 않은 부분
楊枝 버들 양 가지 지 : 나무로 만든 이쑤시개

肢 팔다리 지　月(육달 월) + 支(지탱할 지)

肢體 팔다리 지 몸 체
上肢 윗 상 팔다리 지
下肢 아래 하 팔다리 지

妓 기생 기　女(여자 녀) + 支(지탱할 지)

妓生 기생 기 날 생
賤妓 천할 천 기생 기
妓舞 기생 기 춤 출 무 : 기생이 추는 춤

伎 재간 기　人(사람 인) + 支(지탱할 지)

獅子伎 사자 사 아들 자 재간 기 : 대보름날 사자놀음의 민속놀이

技 재주 기　手(손 수) + 支(지탱할 지)

技術 재주 기 재주 술

技巧 재주 기 공교할 교
演技 펼 연 재주 기
競技 다툴 경 재주 기

岐 갈림길 기 山(뫼 산) + 支(지탱할 지)

岐路 갈림길 기 길 로
分岐點 나눌 분 갈림길 기 점 점

鼓 북 고 豆(악기 이름 주) + 支(지탱할 지)

鼓膜 북 고 꺼풀 막 : 청각기관의 한 가지
鼓吹 북 고 불 취 : 용기와 기운을 일으킴
鼓舞的 북 고 춤 출 무 과녁 적 : 기운을 돋는 모양

그칠 지

禁止 금할 금 그칠 지　停止 머무를 정 그칠 지
防止 막을 방 그칠 지　廢止 폐할 폐 그칠 지
抑止 누를 억 그칠 지　制止 절제할 제 그칠 지
終止符 마칠 종 그칠 지 부호 부

祉 복 지 示(보일 시) + 止(그칠 지)

福祉 복 복 복 지

址 터 지 土(흙 토) + 止(그칠 지)

址臺 터 지 대 대
基址 터 기 터 지
住居址 살 주 살 거 터 지

步 걸음 보 止(그칠 지) + 少(적을 소 – 변형)

闊步 넓을 활 걸음 보

企 꾀할 기 人(사람 인) + 止(그칠 지)

企業 꾀할 기 업 업
企劃 꾀할 기 그을 획

齒 이 치 止(그칠 지) + (입 안의 위 아래 치아 모습)

齒牙 이 치 어금니 아
蟲齒 벌레 충 이 치

113

齡 나이 령 齒(이 치) + 令(하여금 령)

年齡 해 년 나이 령
妙齡 묘할 묘 나이 령

徙 옮길 사 彳(걸을 척) + 止(그칠 지) + 辵(쉬엄쉬엄 갈 착 – 변형)

移徙 옮길 이 옮길 사

澀 떫을 삽 水(물 수) + 歮(떫을 삽 막힐 삽)

澀味 떫을 삽 맛 미 : 떫은 맛
澀滯 떫을 삽 막힐 체 : 일이 느리게 진행됨
難澀 어려울 난 떫을 삽 : 이해하기가 까다로움

囊中之錐 주머니 낭 가운데 중 갈 지 송곳 추
塞翁之馬 변방 새(막힐 색) 늙은이 옹
갈 지 말 마

갈 지

芝 지초 지(상서로운 버섯) 艸(풀 초) + 之(갈 지)

芝草 지초 지 풀 초 : 상서로운 버섯
靈芝 신령 령 지초 지

乏 모자랄 핍 正(바를 정)의 반대 모양의 한자로 의미는

부정(不正)으로 인해 생기는 '부족함과 모자람'을 나타낸다.
缺乏 이지러질 결 모자랄 핍
窮乏 궁할 궁 모자랄 핍

貶 낮출 폄 貝(조개 패) + 乏(모자랄 핍)

貶下 낮출 폄 아래 하
貶毀 낮출 폄 헐 훼 : 남을 깎아내려 헐뜯음

泛 뜰 범 水(물 수) + 乏(모자랄 핍)

泛論 뜰 범 논할 론

旨 뿌리글자로만 의미

뜻 지

指 가리킬 지 手(손 수) + 旨(뜻 지)

指示 가리킬 지 보일 시
指摘 가리킬 지 딸 적
指揮 가리킬 지 휘두를 휘
指針 가리킬 지 바늘 침
指標 기리킬 지 표할 표
指稱 가리킬 지 일컬을 칭
指彈 가리킬 지 탄알 탄

脂 기름 지 月(육달 월) + 旨(뜻 지)

脂肪 = 脂膏 기름 지 살찔 방 = 기름 지 기름 고 : 지방
脫脂乳 벗을 탈 기름 지 젖 유

詣 이를 예(도달하다) 言(말씀 언) + 旨(뜻 지)

造詣 지을 조 이를 예 : 깊은 경지까지 이름

嘗 맛볼 상 尙(오히려 상 높을 상) + 旨(뜻 지 맛 지)

只今 다만 지 이제 금
但只 다만 단 다만 지
唐只 당나라 당 다만 지 : 댕기의 원말(댕기머리)

다만 지

咫 여덟 치 지 尺(자 척) + 只(다만 지 짧을 지)

* '여덟 치'는 숫자의 크기보다는 '짧다 가깝다'란 의미로 사용된다.
咫尺 여덟 치 지 자 척 : 아주 가까운 거리

枳 탱자나무 지 木(나무 목) + 只(다만 지 오직 지)

至毒 이를 지 독 독
至賤 이를 지 천할 천 : 너무 흔해 귀하지 않음

이를 지(도달하다)

到 이를 도 至(이를 지) + 刀(칼 도)

到着 이를 도 붙을 착
到達 이를 도 통달할 달
到處 이를 도 곳 처
殺到 빠를 쇄 이를 도

倒 넘어질 도 人(사람 인) + 到(이를 도)

倒産 넘어질 도 낳을 산
壓倒 누를 압 넘어질 도
打倒 칠 타 넘어질 도
卒倒 마칠 졸 넘어질 도
罵倒 꾸짖을 매 넘어질 도 : 몹시 꾸짖음
倒置法 넘어질 도 둘 치 법 법

致 이를 치 至(이를 지) + 攵(칠 복)

一致 한 일 이를 치
理致 다스릴 리 이를 치
合致 합할 합 이를 치
拉致 끌 랍 이를 치
韻致 운 운 이를 치

118

景致 볕 경 이를 치
致命的 이를 치 목숨 명 과녁 적

緻 빽빽할 치 糸(실 사) + 致(이를 치)

緻密 빽빽할 치 빽빽할 밀
緻拙 빽빽할 치 옹졸할 졸 : 유치하고 졸렬함

姪 조카 질 女(여자 녀) + 至(이를 지)

叔姪 아저씨 숙 조카 질 : 아저씨와 조카
姪婦 조카 질 며느리 부 : 조카며느리

桎 차꼬 질(형벌 기구) 木(나무 목) + 至(이를 지)

桎梏 차꼬 질 난간 함 : 발에 칼을 씌어 가둠

窒 막힐 질 穴(구멍 혈) + 至(이를 지)

窒息 막힐 질 쉴 식
窒塞 막힐 질 막힐 색

膣 음도 질 月(육달 월) + 窒(막힐 질)

膣炎 음도 질 불꽃 염 : 질 점막에 생기는 염증

臺 대 대 高(높을 고 – 변형) + 至(이를 지)

土臺 흙 토 대 대
寢臺 잘 침 대 대
億臺 억 억 대 대

舞臺 춤 출 무 대 대
臺詞 대 대 말 사

擡 들 대(들다) 手(손 수) + 臺(대 대)

擡頭 들 대 머리 두 : 머리를 들어 올림

室 집 실 宀(집 면) + 至(이를 지)

* 집 : 家(집 가) 방은 房(방 방) 거실은 室(집 실)의 개념이다.
寢室 잘 침 집 실
娛樂室 즐길 오 즐길 락 집 실

屋 집 옥 尸(주검 시) + 至(이를 지)

家屋 집 가 집 옥

握 쥘 악 手(손 수) + 屋(집 옥)

掌握 손바닥 장 쥘 악
把握 잡을 파 쥘 악

意志 뜻 의 뜻 지
志願 뜻 지 원할 원
志操 뜻 지 잡을 조 : 곧은 뜻과 절개

뜻 지

誌 기록할 지 言(말씀 언) + 志(뜻 지)

雜誌 섞일 잡 기록할 지
月刊誌 달 월 새길 간 기록할 지

率直 거느릴 솔 곧을 직　硬直 굳을 경 곧을 직
直接 곧을 직 이을 접　直屬 곧을 직 무리 속
直結 곧을 직 맺을 결　直線 곧을 직 줄 선
愚直 어리석을 우 곧을 직

곧을 직

稙 올벼 직(일찍 익는 벼) 禾(벼 화) + 直(곧을 직)

植 심을 식 木(나무 목) + 直(곧을 직)

植物 심을 식 물건 물
植民地 심을 식 백성 민 땅 지

殖 불릴 식 歹(뼈 앙상할 알) + 直(곧을 직)

繁殖 번성할 번 불릴 식
增殖 더할 증 불릴 식
養殖場 기를 양 불릴 식 마당 장

値 값 치 人(사람 인) + 直(곧을 직)

價値 값 가 값 치
數値 셈 수 값 치
基準値 터 기 준할 준 값 치

置 둘 치 罒(그물 망) + 直(곧을 직)

位置 자리 위 둘 치
措置 둘 조 둘 치
設置 베풀 설 둘 치

참 진

眞僞 참 진 거짓 위
眞摯 참 진 잡을 지
寫眞 베낄 사 참 진

鎭 진압할 진 金(쇠 금) + 眞(참 진)

鎭壓 진압할 진 누를 압
鎭靜 진압할 진 고요할 정
鎭痛 진압할 진 아플 통
重鎭 무거울 중 진압할 진

嗔 성낼 진 口(입 구) + 眞(참 진)

嗔言 성낼 진 말씀 언 : 성내어 꾸짖는 말
嗔責 성낼 진 꾸짖을 책 : 성내어 꾸짖음

愼 삼갈 신 心(마음 심) + 眞(참 진)

愼重 삼갈 신 무거울 중
愼獨 삼갈 신 홀로 독
謹愼 삼갈 근 삼갈 신

塡 메울 전 土(흙 토) + 眞(참 진)

裝塡 꾸밀 장 메울 전
補塡 기울 보 메울 전

顚 엎드러질 전 眞(참 진) + 頁(머리 혈)

顚覆 엎드러질 전 다시 복
顚末 엎드러질 전 끝 말

癲 미칠 전 疒(병들어 기댈 녁) + 顚(엎드러질 전)

癲狂 미칠 전 미칠 광 : 실없이 웃는 미친 병

賣盡 팔 매 다할 진   蕩盡 방탕할 탕 다할 진

消盡 사라질 소 다할 진   極盡 다할 극 다할 진

未盡 아닐 미 다할 진

다할 진

爐 불탄 끝 신 火(불 화) + 盡(다할 진)

灰爐 재 회 불탄 끝 신 : 모조리 타서 없어짐

뿌리글자로만 의미

숱 많고 검을 진

珍 보배 진 玉(구슬 옥) + 㐱(숱 많고 검을 진)

珍貴 보배 진 귀할 귀
珍風景 보배 진 바람 풍 볕 경

診 진찰할 진 言(말씀 언) + 㐱(숱 많고 검을 진)

診察 진찰할 진 살필 찰
診療 진찰할 진 병 고칠 료
打診 칠 타 진찰할 진

疹 마마 진 疒(병들어 기댈 녁) + 㐱(숱 많고 검을 진)

濕疹 젖을 습 마마 진
風疹 바람 풍 마마 진
原發疹 근원 원 필 발 마마 진
續發疹 이을 속 필 발 마마 진

*星(별 성) : 진짜 별 / 辰(별 진) : 별자리

戌座辰向 개 술 자리 좌 별 진 향할 향
誕辰 낳을 탄 때 신 : 탄생한 날

별 진(때 신)

娠 아이 밸 신 女(여자 녀) + 辰(별 진)

妊娠 임신할 임 아이 밸 신
妊娠婦 임신할 임 아이 밸 신 며느리 부

宸 대궐 신 宀(집 면) + 辰(별 진)

宸闕 대궐 신 대궐 궐 : 궁궐
宸宴 대궐 신 잔치 연 : 임금이 베푸는 잔치

晨 새벽 신 日(해 일) + 辰(별 진)

晨光 새벽 신 빛 광
曉晨 새벽 효 새벽 신 : 먼동이 틀 무렵

蜃 큰 조개 신 辰(별 진) + 虫(벌레 충)

蜃氣樓 큰 조개 신 기운 기 다락 루

振 떨칠 진 手(손 수) + 辰(별 진)

振動 떨칠 진 움직일 동
振興 떨칠 진 일 흥

震 우레 진 雨(비 우) + 辰(별 진)

地震 땅 지 우레 진
餘震 남을 여 우레 진

農 농사 농 曲(굽을 곡) + 辰(별 진)

農事 농사 농 일 사
農村 농사 농 마을 촌

辱 욕될 욕 辰(별 진) + 寸(마디 촌)

辱說 욕될 욕 말씀 설
侮辱 업신여길 모 욕될 욕

脣 입술 순 辰(별 진) + 月(육달 월)

脣亡齒寒 입술 순 망할 망 이 치 찰 한

兆朕 조짐 조 나 짐

나 짐

勝 이길 승 朕(나 짐) + 力(힘 력)

勝利 이길 승 이로울 리
勝敗 이길 승 패할 패
勝負 이길 승 질 부

騰 오를 등 朕(나 짐) + 馬(말 마)

急騰 급할 급 오를 등
暴騰 사나울 폭 오를 등

謄 베낄 등 朕(나 짐) + 言(말씀 언)

謄本 베낄 등 근본 본
謄寫 베낄 등 베낄 사 : 등사기로 박는 것

藤 등나무 등 艹(풀 초) + 滕(물 솟을 등)

葛藤 칡 갈 등나무 등 : 일이 복잡하게 뒤얽힘

뿌리글자로만 의미

소곤거릴 집

輯 모을 집 車(수레 거/차) + 咠(소곤거릴 집)

編輯 엮을 편 모을 집 : 내용을 수집해 엮음
特輯 특별할 특 모을 집 : 특정한 것으로 편집함

揖 읍할 읍(인사 예의) 手(손 수) + 咠(소곤거릴 집)

揖讓 읍할 읍 사양할 양 : 예를 다해 사양함

葺 기울 즙(깁다) 艹(풀 초) + 咠(소곤거릴 집)

草葺 풀 초 기울 즙 : 풀로 집을 만듦
瓦葺 기와 와 기울 즙 : 기와로 지붕을 이음

執念 잡을 집 생각 념　　執權 잡을 집 권세 권
執筆 잡을 집 붓 필　　　執刀 잡을 집 칼 도
執着 잡을 집 붙을 착　　執拗 잡을 집 우길 요
固執 굳을 고 잡을 집　　我執 나 아 잡을 집

잡을 집

摯 잡을 지 執(잡을 집) + 手(손 수)

眞摯 참 진 잡을 지 : 말과 태도가 참다움

蟄 숨을 칩 執(잡을 집) + 虫(벌레 충)

蟄居 숨을 칩 살 거
廢蟄 폐할 폐 숨을 칩 : 두문불출함
驚蟄 놀랄 경 숨을 칩 : 24절기의 하나

徵 부를 징(음률이름 치)

徵收 부를 징 거둘 수　　徵集 부를 징 모을 집
徵兆 부를 징 조짐 조　　特徵 특별할 특 부를 징
追徵 쫓을 추 부를 징
宮商角徵羽 집 궁 장사 상 뿔 각 음률 이름 치 깃 우

懲 징계할 징 徵(부를 징) + 心(마음 심)

懲戒 징계할 징 경계할 계
懲役 징계할 징 부릴 역
懲罰 징계할 징 벌할 벌
膺懲 가슴 응 징계할 징

差異 다를 차 다를 이   差別 다를 차 다를 별

差益 다를 차 더할 익   隔差 사이 뜰 격 다를 차

誤差 그르칠 오 다를 차

다를 차

蹉 미끄러질 차 足(발 족) + 差(다를 차)

蹉跌 미끄러질 차 거꾸러질 질 : 일이 잘 풀리지 않음

嗟 탄식할 차 口(입 구) + 差(다를 차)

嗟愕 탄식할 차 놀랄 악
嗟懼 탄식할 차 두려워할 구

着 붙을 착 著(나타날 저 붙을 착)의 속자(俗字)로서 의미는 著 = 艹(풀 초) + 者(놈 자)

到着 이를 도 붙을 착
膠着 아교 교 붙을 착
着陸 붙을 착 뭍 륙

羞 부끄러울 수 羊(양 양) + 丑(소 축) + ノ(삐침 별)

羞恥 부끄러울 수 부끄러울 치

且置 또 차 둘 치 : 우선 내버려 둠
苟且 구차할 구 또 차 : 몹시 궁색함
重且大 무거울 중 또 차 클 대 : 매우 중요함

또 차

狙 엿볼 저(원숭이 저) 犬(개 견) + 且(또 차)

狙擊 엿볼 저 칠 격

咀 씹을 저 口(입 구) + 且(또 차)

咀嚼 씹을 저 씹을 작 : 음식을 씹음

沮 막을 저 水(물 수) + 且(또 차)

沮止 막을 저 그칠 지
沮害 막을 저 해할 해 : 막아서 못하게 해침
沮喪 막을 저 잃을 상 : 기운이 꺾이거나 잃음

詛 저주할 저 言(말씀 언) + 且(또 차)

詛呪 저주할 저 빌 주

祖 조상 조 示(보일 시) + 且(또 차)

* '할아버지'란 뜻도 있다.
祖上 조상 조 윗 상
祖國 조상 조 나라 국
始祖 비로소 시 조상 조

宣祖 베풀 선 조상 조
曾祖 일찍 증 조상 조
高祖 높을 고 조상 조

粗 거칠 조 米(쌀 미) + 且(또 차)

粗雜 거칠 조 섞일 잡
粗造 거칠 조 지을 조 : 거칠게 만듦
粗食 거칠 조 먹을 식 : 검소한 음식

租 조세 조 禾(벼 화) + 且(또 차)

租稅 조세 조 세금 세 : 국민에게 받는 세금

組 짤 조(베를 짜다) 糸(실 사) + 且(또 차)

組織 짤 조 짤 직
組成 짤 조 이룰 성
組立 짤 조 설 립
勞組 일할 로 짤 조
全敎組 온전할 전 가르칠 교 짤 조
協同組合 화합할 협 한가지 동 짤 조 합할 합

助 도울 조 且(또 차) + 力(힘 력)

協助 화합할 협 도울 조
援助 도울 원 도울 조
扶助 도울 부 도울 조
補助 도울 보 도울 조
幇助 도울 방 도울 조 : 나쁜 일을 도와줌
贊助金 도울 찬 도울 조 쇠 금

宜 마땅 의 宀(집 면) + 且(또 차)

宜當 마땅 의 마땅 당 : 마땅히 으레
便宜店 편할 편(똥오줌 변) 마땅 의 가게 점

誼 정 의(정 의리 도리) 言(말씀 언) + 宜(마땅 의)

友誼 벗 우 정 의
好誼 좋을 호 정 의 : 좋은 뜻의 정

疊 거듭 첩 田(밭 전) + 宜(마땅 의 – 변형)

重疊 무거울 중 거듭 첩
疊疊山中 거듭 첩 거듭 첩 뫼 산 가운데 중

査 조사할 사 木(나무 목) + 且(또 차)

調査 고를 조 조사할 사
檢査 검사할 검 조사할 사
搜査 찾을 수 조사할 사
査頓 조사할 사 조아릴 돈

次元 버금 차 으뜸 원　　次例 버금 차 법식 례
次長 버금 차 어른 장　　節次 마디 절 버금 차
漸次 점점 점 버금 차　　將次 장차 장 버금 차
屢次＝累次 여러 루 버금 차 ＝ 여러 루 버금 차

버금 차

資 재물 자 次(버금 차 다음 차) + 貝(조개 패)

資産 재물 자 낳을 산
資格 재물 자 격식 격
投資 던질 투 재물 자
祕資金 숨길 비 재물 자 쇠 금

恣 마음대로 자(방자하다) 次(버금 차) + 心(마음 심)

恣行 마음대로 자 다닐 행
放恣 놓을 방 마음대로 자

姿 모양 자 次(버금 차) + 女(여자 녀)

姿勢 모양 자 형세 세
姿態 모양 자 모습 태

瓷 사기그릇 자 次(버금 차) + 瓦(기와 와)

陶瓷器 질그릇 도 사기그릇 자 그릇 기

諮 물을 자 言(말씀 언) + 咨(물을 자)

諮問 물을 자 물을 문 : 의견을 구함

此後 이 차 뒤 후
如此 같을 여 이 차
於此彼 어조사 어 이 차 저 피

이 차

雌 암컷 자 此(이 차) + 隹(새 추)

雌雄 암컷 자 수컷 웅
雌性花 암컷 자 성품 성 꽃 화 : 암꽃

紫 자줏빛 자 此(이 차) + 糸(실 사)

* 자줏빛 : 적색보다 더 붉은 느낌의 색을 말한다.
紫朱色 자줏빛 자 붉을 주 빛 색
紫外線 자줏빛 자 바깥 외 줄 선
紫桃 자줏빛 자 복숭아 도 : 자두나무 열매의 원말

疵 허물 자 疒(병들어 기댈 녁) + 此(이 차)

瑕疵 허물 하 허물 자

些 적을 사 此(이 차) + 二(두 이)

些少 적을 사 적을 소
些事 적을 사 일 사
些末的 적을 사 끝 말 과녁 적 : 중요하지 않은 것

섶 시(땔나무) 此(이 차) + 木(나무 목)

柴扉 섶 시 사립문 비
柴薪 섶 시 섶 신 : 땔나무

뿌리글자로만 의미

풀 무성할 착

鑿 뚫을 착 鑿(뚫을 착 – 변형) + 殳(몽둥이 수) + 金(쇠 금)

鑿空 뚫을 착 빌 공

掘鑿機 팔 굴 뚫을 착 틀 기

業 업 업 '종'이나 '북'을 걸어두는 도구의 모양을 본뜬 상형문자

職業 직분 직 업 업

就業 나아갈 취 업 업

業績 업 업 길 쌈할 적

叢 떨기 총 丵(풀 무성할 착) + 取(가질 취)

* '모이다'란 뜻도 있다.

神經叢 귀신 신 지날 경 떨기 총 : 신경세포의 작은 집단

對 대할 대 業(업 업 – 변형) + 寸(마디 촌)

對象 대할 대 코끼리 상

對策 대할 대 꾀 책

對應 대할 대 응할 응

對話 대할 대 말씀 화

對峙 대할 대 언덕 치

뿌리글자로만 의미

정미 찬(찧은 쌀)

燦 빛날 찬 火(불 화) + 粲(정미 찬)

輝煌燦爛 빛날 휘 빛날 황 빛날 찬 빛날 란

璨 옥빛 찬 玉(구슬 옥) + 粲(정미 찬)

餐 밥 찬 粲(쌀 찬 – 변형) + 食(밥 식)

朝餐 아침 조 밥 찬
午餐 낮 오 밥 찬
晩餐 늦을 만 밥 찬

贊成 도울 찬 이룰 성
贊反 도울 찬 돌이킬 반
協贊 화합할 협 도울 찬
贊助金 도울 찬 도울 조 쇠 금

도울 찬

瓚 옥잔 찬 玉(구슬 옥) + 贊(도울 찬)

圭瓚 서옥 규 옥잔 찬 : 제사 때 쓰던 술잔

讚 기릴 찬 言(말씀 언) + 贊(도울 찬)

讚揚 기릴 찬 날릴 양
讚辭 기릴 찬 말씀 사
稱讚 일컬을 칭 기릴 찬
極讚 극진할 극 기릴 찬
讚頌歌 기릴 찬 칭송할 송 노래 가
自畵自讚 스스로 자 그림 화 스스로 자 기릴 찬

鑽 뚫을 찬 金(쇠 금) + 贊(도울 찬)

鑽研 = 鑽灼 뚫을 찬 갈 연 = 뚫을 찬 불사를 작 : 깊이 힘써 연구함

斬首 벨 참 머리 수
斬刑 벨 참 형벌 형
剖棺斬屍 쪼갤 부 널 관 벨 참 주검 시 :
　　　　　　무덤을 파고 관을 꺼내 시체를 벰

벨 참

塹 구덩이 참 斬(벨 참) + 土(흙 토)

塹壕 구덩이 참 해자 호 : 야전에서 땅에 판 홈

慙 부끄러울 참 斬(벨 참) + 心(마음 심)

慙悔 부끄러울 참 뉘우칠 회 : 부끄러워하며 뉘우침

暫 잠깐 잠 斬(벨 참) + 日(날 일)

暫間 잠깐 잠 사이 간
暫時 잠깐 잠 때 시

漸 점점 점 水(물 수) + 斬(벨 참)

漸增 점점 점 더할 증
漸進 점점 점 나아갈 진

143

參席 참여할 참 자리 석
參拜 참여할 참 절 배
參酌 참여할 참 술 부을 작
參照 참여할 참 비칠 조

참여할 참(갖은 석 삼)

慘 참혹할 참 心(마음 심) + 參(참여할 참 갖은 석 삼)

慘憺 참혹할 참 참담할 담
慘敗 참혹할 참 패할 패
悽慘 슬퍼할 처 참혹할 참

滲 스며들 삼 水(물 수) + 參(참여할 참 갖은 석 삼)

滲透壓 스며들 삼 사무칠 투 누를 압 : 농도가 작은 쪽으로 용매가 옮겨 감

蔘 삼 삼 艸(풀 초) + 參(참여할 참 갖은 석 삼)

人蔘 사람 인 삼 삼
山蔘 뫼 산 삼 삼
蔘鷄湯 삼 삼 닭 계 끓일 탕
人蔘 사람 인 삼 삼
山蔘 뫼 산 삼 삼
蔘鷄湯 삼 삼 닭 계 끓일 탕

144

뿌리글자로만 의미

일찍이 참

僭 주제넘을 참 人(사람 인) + 朁(일찍이 참)

僭濫 주제넘을 참 넘칠 람 : 분수에 지나침

潛 잠길 잠 水(물 수) + 朁(일찍이 참)

潛在力 잠길 잠 있을 재 힘 력
潛水艦 잠길 잠 물 수 큰 배 함

蠶 누에 잠 朁(일찍이 참) + 虫(벌레 충)

養蠶 기를 양 누에 잠 : 누에를 기름
蠶食 누에 잠 먹을 식 : 남의 땅을 점점 먹음

簪 비녀 잠 竹(대 죽) + 朁(일찍이 참)

玉簪 구슬 옥 비녀 잠
簪筆 비녀 잠 붓 필 : 붓을 휴대하는 것

倉庫 곳집 창 곳집 고
彈倉 탄알 탄 곳집 창

곳집 창

槍 창 창(무기의 종류) 木(나무 목) + 倉(곳집 창)

三枝槍 석 삼 가지 지 창 창

艙 부두 창 舟(배 주) + 倉(곳집 창)

船艙 배 선 부두 창 : 배가 닿는 곳

滄 큰 바다 창 水(물 수) + 倉(곳집 창)

滄海 큰 바다 창 바다 해
滄浪 큰 바다 창 물결 랑 : 큰 바다의 푸른 물결

愴 슬플 창 心(마음 심) + 倉(곳집 창)

悲愴 슬플 비 슬플 창 : 마음이 슬프고 서운함
悽愴 슬퍼할 처 슬플 창 : 몹시 슬프고 애달픔

創 비롯할 창(처음 시작) 倉(곳집 창) + 刀(칼 도)

創造 비롯할 창 지을 조
創設 비롯할 창 베풀 설

푸를 창 艹(풀 초) + 倉(곳집 창)

蒼空 푸를 창 빌 공
鬱蒼 울창할 울 푸를 창

 부스럼 창 疒(병들어 기댈 녁) + 倉(곳집 창)

痘瘡 역질 두 부스럼 창 : 천연두(급성전염병)

昌盛 창성할 창 성할 성
繁昌 번성할 번 창성할 창

창성할 창

唱 부를 창 口(입 구) + 昌(창성할 창)

* 歌(노래 가) 보다 한 단계 더 높게 부르는 노래를 말한다.

合唱 합할 합 부를 창
獨唱 홀로 독 부를 창
復唱 회복할 복 부를 창
齊唱 가지런할 제 부를 창 : 여럿이 다 같이 부름

倡 광대 창 人(사람 인) + 昌(창성할 창)

倡優 광대 창 뛰어날 우 : 광대 배우

娼 창녀 창 女(여자 녀) + 昌(창성할 창)

娼女 창녀 창 여자 녀
娼婦 창녀 창 며느리 부

猖 미쳐 날뛸 창 犬(개 견) + 昌(창성할 창)

猖獗 미쳐날뛸 창 날뛸 궐
猖披 미쳐날뛸 창 헤칠 피

菖 창포 창 艸(풀 초) + 昌(창성할 창)

* 창포 : 천남성과의 풀

菖蒲 창포 창 부들 포 : 여러해살이 풀

菖蒲簪 창포 창 부들 포 비녀 잠 : 창포뿌리로 만든 비녀

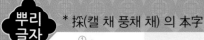

풍채 채(캘 채)

風采 바람 풍 풍채 채
喝采 꾸짖을 갈 캘 채 : 칭찬으로 소리침

採 캘 채 手(손 수) + 采(풍채 채 캘 채)

採擇 캘 채 가릴 택
採取 캘 채 가질 취
採鑛 캘 채 쇳돌 광
採點 캘 채 점 점

菜 나물 채 艸(풀 초) + 采(풍채 채 캘 채)

菜食 나물 채 먹을 식
菜蔬 나물 채 나물 소
野菜 들 야 나물 채

彩 채색 채 采(풍채 채 캘 채) + 彡(터럭 삼)

彩色 채색 채 빛 색
光彩 빛 광 채색 채
多彩 많을 다 채색 채

埰 사패지 채 土(흙 토) + 采(풍채 채 캘 채)

* 사패지 : 임금이 내려준 논밭

冊子 책 책 아들 자　　冊床 책 책 평상 상
書冊 글 서 책 책　　　空冊 빌 공 책 책
歷史冊 지날 력 사기 사 책 책
漫畫冊 흩어질 만 그림 화 책 책

책 책

柵 울타리 책 木(나무 목) + 冊(책 책)

鐵柵 쇠 철 울타리 책
防柵 막을 방 울타리 책
柵壘 울타리 책 보루 루 : 침입을 막기 위한 벽
豚柵 돼지 돈 울타리 책 : 돼지우리

珊 산호 산 玉(구슬 옥) + 冊(책 책)

珊瑚 산호 산 산호 호

刪 깎을 산 冊(책 책) + 刀(칼 도)

* 후에 '돈을 깎는 것'으로도 의미가 확장되었다.
刪減 깎을 산 덜 감 : 깎아서 줄임
刪削 깎을 산 깎을 삭 : 필요 없는 글자를 지움

嗣 이을 사(이어받다) 口(입 구) + 冊(책 책) + 司(맡을 사)

後嗣 뒤 후 이을 사 : 대를 잇는 자식

151

責任 꾸짖을 책 맡길 임   責務 꾸짖을 책 힘쓸 무
職責 직분 직 꾸짖을 책   叱責 꾸짖을 질 꾸짖을 책
譴責 꾸짖을 견 꾸짖을 책   問責 물을 문 꾸짖을 책
詰責 물을 힐 꾸짖을 책   免責 면할 면 꾸짖을 책

꾸짖을 책

債 빚 채 人(사람 인) + 責(꾸짖을 책)

債務 빚 채 힘쓸 무
債權 빚 채 권세 권
負債 질 부 빚 채

積 쌓을 적 禾(벼 화) + 責(꾸짖을 책)

積滯 쌓을 적 막힐 체
積極 쌓을 적 극진할 극
蓄積 모을 축 쌓을 적
面積 낮 면 쌓을 적

績 길쌈할 적(옷을 짜다) 糸(실 사) + 責(꾸짖을 책)

紡績 길쌈 방 길쌈할 적
成績 이룰 성 길쌈할 적
戰績 싸움 전 길쌈할 적

蹟 자취 적 足(발 족) + 責(꾸짖을 책)

行蹟 다닐 행 자취 적
遺蹟 남길 유 자취 적

자취 적 辶(쉬엄쉬엄 갈 착) + 亦(또 역)

跡 발자취 적 足(발 족) + 亦(또 역)

* 跡(발자취 적) : 진짜 발자취 / 蹟(자취 적) : 쌓아놓은 행적

妻 아내 처

愛妻家 사랑 애 아내 처 집 가
賢母良妻 어질 현 어머니 모 어질 양(량)
아내 처

悽 슬퍼할 처 心(마음 심) + 妻(아내 처)

悽慘 슬퍼할 처 참혹할 참
悽絕 슬퍼할 처 끊을 절 : 참혹할 정도의 구슬픔

凄 쓸쓸할 처 氷(얼음 빙) + 妻(아내 처)

凄凉 쓸쓸할 처 서늘할 량

棲 깃들일 서 木(나무 목) + 妻(아내 처)

棲息 깃들일 서 쉴 식 : 동물이 깃들여 삶
兩棲類 두 량 깃들일 서 무리 류

외짝 척

隻眼 외짝 척 눈 안 : 외눈 남다른 식견

雙 두 쌍 隹(새 추) + 隹(새 추) + 又(또 우)

雙方 두 쌍 모 방
雙璧 두 쌍 구슬 벽

穫 거둘 확 禾(벼 화) + 蒦(자 확 잴 확)

收穫 거둘 수 거둘 확
穫稻 거둘 확 벼 도

獲 얻을 획 犬(개 견) + 蒦(자 확 잴 확)

獲得 얻을 획 얻을 득
捕獲 잡을 포 얻을 획

護 도울 호 言(말씀 언) + 蒦(자 확 잴 확)

保護 지킬 보 도울 호
守護 지킬 수 도울 호
掩護 가릴 엄 두울 호
擁護 낄 옹 도울 호
庇護 덮을 비 도울 호

脊椎 등마루 척 등골 추
脊髓 등마루 척 뼛골 수 : 척추 안의 신경중추

등마루 척(척추)

瘠 여윌 척 疒(병들어 기댈 녁) + 脊(등마루 척)

瘠薄 여윌 척 엷을 박 : 흙이 몹시 메마름
瘦瘠 여윌 수 여윌 척 : 몸이 많이 야윔

排斥 밀칠 배 물리칠 척
斥邪 물리칠 척 간사할 사 :
　　　나쁜 사기를 물리침

물리칠 척

訴 호소할 소 言(말씀 언) + 斥(물리칠 척)

呼訴 부를 호 호소할 소
訴訟 호소할 소 송사할 송
告訴 고할 고 호소할 소
勝訴 이길 승 호소할 소

157

뿌리글자로만 의미

어그러질 천

舛 순임금 순 爪(손톱 조) + 冖(덮을 멱) + 舛(어그러질 천)

* '무궁화'란 뜻도 있다.
堯舜 요임금 요 순임금 순 : 중국의 요임금, 순임금

瞬 깜짝일 순 目(눈 목) + 舜(순임금 순 무궁화 순)

瞬息間 깜짝일 순 쉴 식 사이 간
瞬發力 깜짝일 순 필 발 힘 력

桀 홰 걸(닭의 홰) 舛(어그러질 천) + 木(나무 목)

桔桀 도라지 길 홰 걸 : 높고 험준함

傑 뛰어날 걸 人(사람 인) + 舛(어그러질 천) + 木(나무 목)

傑作 뛰어날 걸 지을 작
俊傑 준걸 준 뛰어날 걸
豪傑 호걸 호 뛰어날 걸

舞 춤 출 무 양 쪽 발을 나타내는 舛(어그러질 천)의 부수를 사용하여 춤추는 모습을 본뜬 상형문자

舞踊 춤 출 무 뛸 용

河川 물 하 내 천

내 천

釧 팔찌 천 金(쇠 금) + 川(내 천)

寶釧 보배 보 팔찌 천 : 값비싼 팔찌

訓 가르칠 훈 言(말씀 언) + 川(내 천)

訓鍊 가르칠 훈 단련할 련
訓戒 가르칠 훈 경계할 계
教訓 가르칠 교 가르칠 훈

馴 길들일 순 馬(말 마) + 川(내 천)

馴鹿 길들일 순 사슴 록 : 사슴과의 짐승
馴致 길들일 순 이를 치 : 목표에 이르게 함

順 순할 순 川(내 천) + 頁(머리 혈)

順序 순할 순 차례 서
順從 순할 순 좇을 종
順坦 순할 순 평탄할 탄

巡 돌 순 辶(쉬엄쉬엄 갈 착) + 川(내 천)

巡察 돌 순 살필 찰

巡廻 돌 순 돌 회
巡訪 돌 순 찾을 방
巡視船 돌 순 볼 시 배 선

州 고을 주 냇물에(川) 둘러싸인 삼각주를(丶) 본뜬 상형문자

羅州 벌일 라 고을 주
慶州 경사 경 고을 주

天性 하늘 천 성품 성
天倫 하늘 천 인륜 륜
天壽 하늘 천 목숨 수

하늘 천

昊 하늘 호 日(해 일) + 天(하늘 천)

昊天 하늘 호 하늘 천 : 넓고 큰 하늘
蒼昊 푸를 창 하늘 호 : 넓고 맑은 하늘

送 보낼 송 辶(쉬엄쉬엄 갈 착) + 关(웃음 소 - 변형)

運送 옮길 운 보낼 송
輸送 보낼 수 보낼 송
返送 돌이킬 반 보낼 송
放送 놓을 방 보낼 송
送還 보낼 송 돌아올 환
送狀 보낼 송 문서 장
虛送歲月 빌 허 보낼 송 해 세 달 월

源泉 근원 원 샘 천
溫泉 따뜻할 온 샘 천
噴泉 뿜을 분 샘 천
黃泉 누를 황 샘 천 : 저승

샘 천

腺 샘 선 月(육달 월) + 泉(샘 천)

* 샘 : 분비하는 기관
扁桃腺 작을 편 복숭아 도 샘 선

線 줄 선(긴 줄) 糸(실 사) + 泉(샘 천)

直線 곧을 직 줄 선
曲線 굽을 곡 줄 선
路線 길 로 줄 선
脫線 벗을 탈 줄 선
視線 볼 시 줄 선
混線 섞을 혼 줄 선

뿌리글자로만 의미

연할 철(잇닿다)

綴 엮을 철 糸(실 사) + 叕(잇닿을 철)

綴字法 엮을 철 글자 자 법 법 : 맞춤법

掇 주을 철 手(손 수) + 叕(잇닿을 철)

掇拾 주을 철 주을 습

啜 먹을 철 口(입 구) + 叕(잇닿을 철)

哺啜客 먹일 포 먹을 철 손 객

뿌리글자

다 첨(모두)

僉位 다 첨 자리 위 : 여러분

險 험할 험 阜(언덕 부) + 僉(다 첨)

險難 험할 험 어려울 난

危險 위태할 위 험할 험

冒險 무릅쓸 모 험할 험

探險 찾을 탐 험할 험

保險 지킬 보 험할 험

驗 시험 험 馬(말 마) + 僉(다 첨)

試驗 시험 시 시험 험

經驗 지날 경 시험 험

體驗 몸 체 시험 험

檢 검사할 검 木(나무 목) + 僉(다 첨)

檢査 검사할 검 조사할 사

檢討 검사할 검 칠 토

檢證 검사할 검 증거 증

檢索 검사할 검 찾을 색

儉 검소할 검 人(사람 인) + 僉(다 첨)

儉素 검소할 검 본디 소
勤儉節約 부지런할 근 검소할 검 마디 절 맺을 약

劍 칼 검 僉(다 첨) + 刀(칼 도)

* 짧은 칼 : 刀(칼 도) / 긴 칼 : 劍(칼 검)
劍客 칼 검 손 객
劍道 칼 검 길 도
擊劍 칠 격 칼 검
銃劍 총 총 칼 검

斂 거둘 렴 僉(다 첨) + 攵(칠 복)

收斂 거둘 수 거둘 렴
後斂 뒤 후 거둘 렴 : 노래 끝의 반복 가사

殮 염할 렴 歹(뼈 앙상할 알) + 僉(다 첨)

* 염 : 죽은 송장에 옷과 이불을 싸서 베로 묶는 장례의식
殮襲 염할 렴 엄습할 습 : 시체에게 옷 입히고 묶음
殮葬 염할 렴 장사지낼 장 : 염습하여 장사지냄

이를 첨(도달하다)

뿌리글자로만 의미

瞻 볼 첨 目(눈 목) + 詹(이를 첨)

顧瞻 돌아볼 고 볼 첨 : 두루 돌아봄

蟾 두꺼비 섬 虫(벌레 충) + 詹(이를 첨)

蟾兔 = 蟾魄 두꺼비 섬 토끼 토 = 두꺼비 섬 넋 백 : 달의 별칭

膽 쓸개 담 月(육달 월) + 詹(이를 첨)

大膽 클 대 쓸개 담
壯膽 장할 장 쓸개 담
落膽 떨어질 락 쓸개 담
熊膽 곰 웅 쓸개 담

憺 참담할 담 心(마음 심) + 詹(이를 첨)

慘憺 참혹할 참 참담할 담
憺畏 참담할 담 두려워할 외 : 몹시 두려워함

澹 맑을 담 水(물 수) + 詹(이를 첨)

暗澹 어두울 암 맑을 담 : 희망이 없고 막연함

멜 담(메다, 책임지다) 手(손 수) + 詹(이를 첨)

擔當 멜 담 마땅 당
擔任 멜 담 맡길 임
擔保 멜 담 지킬 보
負擔 질 부 멜 담
加擔 더할 가 멜 담

첩 첩

妻妾 아내 처 첩 첩
愛妾 사랑 애 첩 첩

接 이을 접 手(손 수) + 妾(첩 첩)

接近 이을 접 가까울 근
接觸 이을 접 닿을 촉
接受 이을 접 받을 수
待接 기다릴 대 이을 접
面接 낯 면 이을 접

靑年 푸를 청 해 년
靑寫眞 푸를 청 베낄 사 참 진 : 미래의
계획

푸를 청

淸 맑을 청 水(물 수) + 靑(푸를 청)

淸掃 맑을 청 쓸 소
淸潔 맑을 청 깨끗할 결
淸廉 맑을 청 청렴할 렴
淸算 맑을 청 셈 산

晴 갤 청 日(해 일) + 靑(푸를 청)

快晴 쾌할 쾌 갤 청
祈晴祭 빌 기 갤 청 제사 제 : 비가 너무 올 때 제사

請 청할 청(부탁하다) 言(말씀 언) + 靑(푸를 청)

請託 청할 청 부탁할 탁
請約 청할 청 맺을 약
招請 부를 초 청할 청
懇請 간절할 간 청할 청

情 뜻 정 心(마음 심) + 靑(푸를 청)

感情 느낄 감 뜻 정
表情 겉 표 뜻 정
冷情 찰 랭 뜻 정

情緒 뜻 정 실마리 서
情況 뜻 정 상황 황
情報 뜻 정 알릴 보
煽情的 부채질할 선 뜻 정 과녁 적

精 정할 정 米(쌀 미) + 靑(푸를 청)

* 정하다 : 매우 곱다 깨끗하게 하다 정성껏 하다
精誠 정할 정 정성 성
精神 정할 정 귀신 신
精讀 정할 정 읽을 독
精巧 정할 정 공교할 교
精密 정할 정 빽빽할 밀

靖 편안할 정 立(설 립) + 靑(푸를 청)

綏靖 편안할 수 편안할 정 : 백성을 편안하게 함

睛 눈동자 정 目(눈 목) + 靑(푸를 청)

眼睛 눈 안 눈동자 정 : 눈동자

靜 고요할 정 靑(푸를 청) + 爭(다툴 쟁)

鎭靜 진압할 진 고요할 정
靜脈 고요할 정 줄기 맥

猜 시기할 시 犬(개 견 – 짐승) + 靑(푸를 청)

猜忌 시기할 시 꺼릴 기
猜妬 시기할 시 샘낼 투

들을 청

聽覺 들을 청 깨달을 각
聽取 들을 청 가질 취
敬聽 공경 경 들을 청
盜聽 도둑 도 들을 청

廳 관청 청 广(집 엄) + 聽(들을 청)

官廳 벼슬 관 관청 청
市廳 저자 시 관청 청
區廳 구분할 구 관청 청

탈 초

焦燥 탈 초 마를 조
焦點 탈 초 점 점
焦土化 탈 초 흙 토 될 화

礁 암초 초 石(돌 석) + 焦(탈 초)

暗礁 어두울 암 암초 초
坐礁 앉을 좌 암초 초 : 함선이 암초에 얹힘

憔 파리할 초(핏기 없다) 心(마음 심) + 焦(탈 초)

憔悴 파리할 초 파리할 췌

樵 나무할 초 木(나무 목) + 焦(탈 초)

採樵 캘 채 나무할 초 : 땔나무를 베어 거둠
樵牧 나무할 초 칠 목 : 땔나무하고 짐승을 침

蕉 파초 초 艸(풀 초) + 焦(탈 초)

芭蕉 파초 파 파초 초

肖像畫 닮을 초 모양 상 그림 화

닮을 초

哨 망볼 초 口(입 구) + 肖(닮을 초)

哨所 망볼 초 바 소
哨兵 망볼 초 병사 병
步哨 걸음 보 망볼 초
前哨戰 앞 전 망볼 초 싸움 전

硝 화약 초 石(돌 석) + 肖(닮을 초)

硝藥 화약 초 약 약 : 화약

梢 나뭇가지 끝 초 木(나무 목) + 肖(닮을 초)

末梢神經 끝 말 나뭇가지 끝 초 귀신 신 지날 경

稍 점점 초 禾(벼 화) + 肖(닮을 초)

稍饒 점점 초 넉넉할 요 : 살림이 점점 좋아짐

消 사라질 소 水(물 수) + 肖(닮을 초)

消耗 사라질 소 소모할 모
消費 사라질 소 쓸 비
解消 풀 해 사라질 소

取消 가질 취 사라질 소

逍 노닐 소 辶(쉬엄쉬엄 갈 착) + 肖(닮을 초)

逍風 노닐 소 바람 풍
逍遙 노닐 소 멀 요 : 슬슬 거닐어 돌아다님

宵 밤 소(어두운 밤) 宀(집 면) + 肖(닮을 초)

晝宵 낮 주 밤 소
佳宵 아름다울 가 밤 소 : 기분 좋은 밤

削 깎을 삭 肖(닮을 초) + 刀(칼 도)

削減 깎을 삭 덜 감
削除 깎을 삭 덜 제
削髮 깎을 삭 터럭 발
添削 더할 첨 깎을 삭

屑 가루 설 尸(주검 시) + 肖(닮을 초)

屑糖 = 雪糖 가루 설 엿 탕(당) = 눈 설 엿 탕(당)
屑塵 가루 설 티끌 진 : 먼지 티끌

趙 나라 조(성씨 조) 走(달릴 주) + 肖(닮을 초)

蜀鳥 나라 이름 촉 새 조 : 소쩍새

나라 이름 촉

燭 촛불 촉 火(불 화) + 蜀(나라이름 촉)

燭臺 촛불 촉 대 대(촛대)
華燭 빛날 화 촛불 촉 : 혼인식 때의 등화
洞燭 밝을 통 촛불 촉 : 깊이 헤아려 살핌

觸 닿을 촉 角(뿔 각) + 蜀(나라이름 촉)

觸感 닿을 촉 느낄 감
觸覺 닿을 촉 깨달을 각
觸發 닿을 촉 필 발
觸媒 닿을 촉 중매 매
接觸 이을 접 닿을 촉

囑 부탁할 촉 口(입 구) + 屬(무리 속)

囑託 부탁할 촉 부탁할 탁
委囑 맡길 위 부탁할 촉

屬 무리 속 尾(꼬리 미 – 변형) + 蜀(나라이름 촉)

所屬 바 소 무리 속
從屬 좇을 종 무리 속

獨 홀로 독 犬(개 견) + 蜀(나라이름 촉)

獨裁 홀로 독 마를 재
獨創 홀로 독 비롯할 창

濁 흐릴 탁 水(물 수) + 蜀(나라이름 촉)

混濁 섞을 혼 흐릴 탁
鈍濁 둔할 둔 흐릴 탁

 뿌리글자로만 의미

바쁠 총

總 다 총(모두) 糸(실 사) + 悤(바쁠 총)

總括 다 총 묶을 괄
總稱 다 총 일컬을 칭
總額 다 총 이마 액
總帥 다 총 장수 수

聰 귀 밝을 총 耳(귀 이) + 悤(바쁠 총)

聰明 귀 밝을 총 밝을 명
聰睿 귀 밝을 총 슬기 예

새 추

뿌리글자로만 의미

推 밀 추 手(손 수) + 椎(쇠몽치 추 - 변형)

推進 밀 추 나아갈 진
推薦 밀 추 천거할 천

椎 쇠몽치 추 木(나무 목) + 隹(새 추)

* 등의 척추를 뜻하는 '등골'의 뜻으로도 사용된다.
脊椎 등마루 척 쇠몽치 추

錐 송곳 추 金(쇠 금) + 隹(새 추)

試錐船 시험 시 송곳 추 배 선 : 자원탐사 배

進 나아갈 진 辶(쉬엄쉬엄 갈 착) + 隹(새 추)

進展 나아갈 진 펼 전

稚 어릴 치 禾(벼 화) + 隹(새 추)

稚拙 어릴 치 옹졸할 졸
幼稚園 어릴 유 어릴 치 동산 원

178

雉 꿩 치 矢(화살 시) + 隹(새 추)

雉兔者 꿩 치 토끼 토 놈 자 : 꿩과 토끼의 사냥꾼

堆 쌓을 퇴 土(흙 토) + 隹(새 추)

堆積 쌓을 퇴 쌓을 적
堆肥 쌓을 퇴 살찔 비

誰 누구 수 言(말씀 언) + 隹(새 추)

誰某 누구 수 아무 모 : 아무개

雖 비록 수 口(입 구) + 虫(벌레 충) + 隹(새 추)

雖然 비록 수 그럴 연 : 비록 그렇지만

讎 원수 수 雔(새 한 쌍 수) + 言(말씀 언)

怨讎 원망할 원 원수 수

維 벼리 유 糸(실 사) + 隹(새 추)

* 벼리 : 그물코를 꿴 굵은 줄 근본 중심 기강
纖維 가늘 섬 벼리 유

惟 생각할 유 心(마음 심) + 隹(새 추)

思惟 생각 사 생각할 유

179

準 준할 준 水(물 수) + 隼(송골매 준)

準備 준할 준 갖출 비
標準 표할 표 준할 준

准 준할 준 冫(얼음 빙) + 隹(새 추)

認准 알 인 준할 준
批准 비평할 비 준할 준

淮 물 이름 회 水(물 수) + 隹(새 추)

崔 성씨 최(높을 최) 山(뫼 산) + 隹(새 추)

催 재촉할 최 人(사람 인) + 崔(성씨 최 높을 최)

催眠 재촉할 최 잘 면

雙 두 쌍(쌍 쌍) 隹(새 추) + 隹(새 추) + 又(또 우)

雙璧 두 쌍 구슬 벽

集 모을 집 隹(새 추) + 木(나무 목)

募集 모을 모 모을 집
蒐集 모을 수 모을 집

180

携 이끌 휴 手(손 수) + 雋(살찐 고기 전)

携帶 이끌 휴 띠 대
提携 끌 제 이끌 휴

雜 섞일 잡 衣(옷 의 - 변형) + 集(모을 집)

雜誌 섞일 잡 기록할 지
複雜 겹칠 복 섞일 잡

罹 걸릴 리 罒(그물 망) + 惟(생각할 유)

罹災民 걸릴 리 재앙 재 백성 민

羅 벌일 라 罒(그물 망) + 糸(실 사) + 隹(새 추)

羅列 벌일 라 벌일 열

暹 햇살 치밀 섬 日(해 일) + 進(나아갈 진)

暹羅 햇살치밀 섬 벌일 라

藿 콩잎 곽(미역 곽) 艸(풀 초) + 霍(빠를 곽)

藿湯 미역 곽 끓일 탕

* 꼴 : 소나 말에게 먹이는 풀

꼴 추

反芻動物 돌이킬 반 꼴 추 움직일 동 물건 물

趨 달아날 추　走(달릴 주) + 芻(꼴 추)

趨勢 달아날 추 형세 세 : 어떤 현상의 움직임

歸趨 돌아갈 귀 달아날 추 : 돌아가는 형편

鄒 추나라 추 芻(꼴 추) + 邑(고을 읍)

秋收 가을 추 거둘 수
秋夕 가을 추 저녁 석 : 음력 8월15일 한가위

가을 추

鰍 미꾸라지 추 魚(물고기 어) + 秋(가을 추)

泥鰍 진흙 니 미꾸라지 추 : 미꾸라지
鰍魚湯 미꾸라지 추 물고기 어 끓일 탕

楸 가래나무 추 木(나무 목) + 秋(가을 추)

* 실질적인 '가래나무'를 뜻하기도 한다.

愁 근심 수 秋(가을 추) + 心(마음 심)

愁心 근심 수 마음 심
憂愁 근심 우 근심 수
鄕愁 시골 향 근심 수 : 고향을 그리는 마음

뿌리글자로만 의미

비 추

掃 쓸 소(청소하다) 手(손 수) + 帚(비 추)

清掃 맑을 청 쓸 소
掃蕩 쓸 소 방탕할 탕

婦 며느리 부(아내) 女(여자 녀) + 帚(비 추)

夫婦 지아비 부 며느리 부
新婦 새 신 며느리 부
寡婦 적을 과 며느리 부
姑婦 시어머니 고 며느리 부

歸 돌아갈 귀 追(쫓을 추) + 婦(아내 부) – 변형 합체자

歸鄉 돌아갈 귀 시골 향
歸國 돌아갈 귀 나라 국
歸還 돌아갈 귀 돌아올 환
歸結 돌아갈 귀 맺을 결
復歸 회복할 복 돌아갈 귀

뿌리글자로만 의미

소 축(지지 축)

紐 맺을 뉴 糸(실 사) + 丑(소 축)

紐帶 맺을 뉴 띠 대

紐情 맺을 뉴 뜻 정 : 정에 끌리는 마음

結紐 맺을 결 맺을 뉴 : 얽어 맺는 것

羞 부끄러울 수 羊(양 양) + 丑(소 축) + ノ(삐침 별)

羞恥 부끄러울 수 부끄러울 치

畜産 짐승 축 낳을 산
畜舍 짐승 축 집 사
屠畜場 죽일 도 짐승 축 마당 장

짐승 축

蓄 모을 축 艸(풀 초) + 畜(짐승 축)

蓄積 모을 축 쌓을 적
貯蓄 쌓을 저 모을 축
含蓄 머금을 함 모을 축

뿌리글자로만 의미

발 얽은 돼지의 걸음 축

琢 다듬을 탁 玉(구슬 옥) + 豕(발 얽은 돼지의 걸음 축)

彫琢 새길 조 다듬을 탁 : 아름답게 다듬음

塚 무덤 총 土(흙 토) + 冢(무덤 총)

掘塚 팔 굴 무덤 총 : 무덤을 파냄
荒塚 거칠 황 무덤 총 : 버려두어 거칠어진 무덤

봄 춘

靑春 푸를 청 봄 춘
回春 돌아올 회 봄 춘 : 다시 건강을 회복함
春困症 봄 춘 곤할 곤 증세 증

椿 참죽나무 춘 木(나무 목) + 春(봄 춘)

香椿 향기 향 참죽나무 춘 : 참죽나무

蠢 꾸물거릴 준 春(봄 춘) + 虫(벌레 충) + 虫(벌레 충)

蠢爾 꾸물거릴 준 너 이 : 무지하고 하찮음
愚蠢 어리석을 우 꾸물거릴 준 : 어리석고 느림

輸出 보낼 수 날 출   提出 끌 제 날 출
抽出 뽑을 추 날 출   噴出 뿜을 분 날 출
創出 비롯할 창 날 출   貸出 빌릴 대 날 출
醵出 추렴할 갹 날 출   露出 이슬 로 날 출

날 출

黜 내칠 출 黑(검을 흑) + 出(날 출)

黜黨 내칠 출 무리 당
放黜 놓을 방 내칠 출 : 쫓아 치워 버림

拙 옹졸할 졸 手(손 수) + 出(날 출)

壅拙 막을 옹 옹졸할 졸
稚拙 어릴 치 옹졸할 졸
拙戰 옹졸할 졸 싸움 전
拙劣 옹졸할 졸 못할 렬

屈 굽힐 굴 尸(주검 시) + 出(날 출)

屈曲 굽힐 굴 굽을 곡
屈辱 굽힐 굴 욕될 욕
屈折 굽힐 굴 꺾을 절
屈指 굽힐 굴 가리킬 지
卑屈 낮을 비 굽힐 굴
屈伏 = 屈服 굽힐 굴 엎드릴 복 = 굽힐 굴 옷 복

掘 팔 굴(땅을 파다) 手(손 수) + 屈(굽힐 굴)

採掘 캘 채 팔 굴

盜掘 도둑 도 팔 굴

發掘 필 발 팔 굴

掘鑿機 팔 굴 뚫을 착 틀 기

窟 굴 굴 穴(구멍 혈) + 屈(굽힐 굴)

洞窟 골 동 굴 굴

巢窟 새집 소 굴 굴

朮 뿌리글자로만 의미

차조 출(찰진 조)

述 펼 술 辶(쉬엄쉬엄 갈 착) + 朮(차조 출)

論述 논할 논 펼 술

敍述 펼 서 펼 술

陳述 베풀 진 펼 술

著述 나타날 저 펼 술

術 재주 술 行(행할 행) + 朮(차조 출)

技術 재주 기 재주 술

藝術 재주 예 재주 술

充電 채울 충 번개 전
擴充 넓힐 확 채울 충

채울 충

銃 총 총 金(쇠 금) + 充(채울 충)

　拳銃 주먹 권 총 총
　銃擊 총 총 칠 격

統 거느릴 통 糸(실 사) + 充(채울 충)

　統治 거느릴 통 다스릴 치
　統率 거느릴 통 거느릴 솔

取得 가질 취 얻을 득　　取扱 가질 취 미칠 급

取消 가질 취 사라질 소　　搾取 짤 착 가질 취

攝取 다스릴 섭 가질 취　　採取 캘 채 가질 취

奪取 빼앗을 탈 가질 취　　喝取 꾸짖을 갈 가질 취

가질 취

趣 뜻 취 走(달릴 주) + 取(가질 취)

趣味 뜻 취 맛 미

趣向 뜻 취 향할 향

趣旨 뜻 취 뜻 지

情趣 뜻 정 뜻 취

娶 장가들 취 取(가질 취) + 女(여자 녀)

嫁娶 시집갈 가 장가들 취

再娶 두 재 장가들 취 : 두 번째 장가들음

聚 모을 취 取(가질 취) + 衆(무리 중 - 변형)

聚合 모을 취 합할 합

積聚 쌓을 적 모을 취 : 뱃속의 적취현상

最 가장 최 曰(가로 왈) + 取(가질 취)

最初 가장 최 처음 초

最終 가장 최 마칠 종

最尖端 가장 최 뾰족할 첨 끝 단

撮 사진 찍을 촬 手(손 수) + 最(가장 최)

* '모으다'란 뜻도 있다.
撮影場 사진 찍을 촬 그림자 영 마당 장

叢 떨기 총(모일 총) 丵(풀 무성할 착) + 取(가질 취)

神經叢 귀신 신 지날 경 떨기 총
叢集 모일 총 모을 집 : 떼를 지어 모임

뿌리글자로만 의미

해태 치/태

薦 천거할 천 艹(풀 초) + 廌(해태 치)

薦擧 천거할 천 들 거
薦骨 천거할 천 뼈 골
公薦 공평할 공 천거할 천

慶 경사 경 鹿(사슴 록 – 변형) + 心(마음 심) + 夊(천천히 걸을 쇠)

慶事 경사 경 일 사
國慶日 나라 국 경사 경 날 일

則

① ② ⑧ ⑨ ⑥ ⑦

법칙 칙(곧 즉)

法則 법 법 법칙 칙   罰則 벌할 벌 법칙 칙
鐵則 쇠 철 법칙 칙
必死則生 반드시 필 죽을 사 곧 즉 날 생 :
　　　　　　죽기를 각오하면 살 것이다
滿則溢 찰 만 곧 즉 넘칠 일 : 가득 차면 넘치다

側 곁 측 人(사람 인) + 則(법칙 칙 곧 즉)

側面 곁 측 낯 면
側近 곁 측 가까울 근
兩側 두 량 곁 측

測 헤아릴 측 水(물 수) + 則(법칙 칙 곧 즉)

測量 헤아릴 측 헤아릴 량
豫測 미리 예 헤아릴 측
推測 밀 추 헤아릴 측
臆測 가슴 억 헤아릴 측

惻 슬퍼할 측 心(마음 심) + 則(법칙 칙 곧 즉)

惻隱之心 슬퍼할 측 숨을 은 갈 지 마음 심 : 남의 불행을 불쌍히 여기는 마음

뿌리글자로만 의미

옻 칠

漆 옻 칠 水(물 수) + 木(나무 목) + 水(물 수)

漆器 옻 칠 그릇 기
漆板 옻 칠 널빤지 판

膝 무릎 슬 月(육달 월) + 桼(옻 칠)

膝蓋骨 무릎 슬 덮을 개 뼈 골

黍 기장 서(곡식의 종류) 禾(벼 화) + 雨(비 우 – 변형)

黎 검을 려 黍(기장 서) + 勺(구기 작)

侵犯 침노할 침 범할 범   侵掠 침노할 침 노략질할 략
侵攻 침노할 침 칠 공   侵害 침노할 침 해할 해
侵奪 침노할 침 빼앗을 탈

침노할 침

浸 잠길 침 水(물 수) + 侵(침노할 침 – 변형)

浸透 잠길 침 사무칠 투
浸蝕 잠길 침 좀먹을 식

寢 잘 침 宀(집 면) + 爿(조각 장) + 侵(침노할 침 – 변형)

寢室 잘 침 집 실
寢臺 잘 침 대 대
寢囊 잘 침 주머니 낭
寢具 잘 침 갖출 구
就寢 나아갈 취 잘 침
起寢 일어날 기 잘 침
不寢番 아닐 불 잘 침 차례 번

뿌리글자로만 의미

터놓을 쾌

快 쾌할 쾌 心(마음 심) + 夬(터놓을 쾌)

快樂 쾌할 쾌 즐길 락
快擧 쾌할 쾌 들 거
快適 쾌할 쾌 맞을 적
快擲 쾌할 쾌 던질 척
愉快 즐거울 유 쾌할 쾌
痛快 아플 통 쾌할 쾌
爽快 시원할 상 쾌할 쾌

決 결단할 결 水(물 수) + 夬(터놓을 쾌)

決斷 결단할 결 끊을 단
決算 결단할 결 셈 산
決定 결단할 결 정할 정
決裂 결단할 결 찢을 렬
議決 의논할 의 결단할 결

訣 이별할 결 言(말씀 언) + 夬(터놓을 쾌)

訣別 이별할 결 나눌 별
祕訣 숨길 비 이별할 결

缺 이지러질 결 缶(장군 부) + 夬(터놓을 쾌)

缺陷 이지러질 결 빠질 함
缺乏 이지러질 결 모자랄 핍
缺席 이지러질 결 자리 석
缺點 이지러질 결 점 점
缺禮 이지러질 결 예도 례

袂 소매 몌 衣(옷 의) + 夬(터놓을 쾌)

祛袂 소매 거 소매 몌 : 소매를 걷어붙임

它 뿌리글자로만 의미

다를 타

駝 낙타 타 馬(말 마) + 它(다를 타)

駱駝 낙타 락 낙타 타
駝鳥 낙타 타 새 조
駝背 낙타 타 등 배 : 곱사등이

舵 키 타 舟(배 주) + 它(다를 타)

* 키 : 선박의 방향을 잡는 제구
操舵手 잡을 조 키 타 손 수 : 배의 키를 조정하는 이

陀 비탈질 타 阜(언덕 부) + 它(다를 타)

阿彌陀佛 언덕 아 미륵 미 비탈질 타 부처 불

蛇 긴 뱀 사 虫(벌레 충) + 它(다를 타)

毒蛇 독 독 긴 뱀 사
蟾蛇 두꺼비 섬 긴 뱀 사 : 살무사
委蛇 맡길 위 긴 뱀 사 : 미꾸라지

隋 떨어질 타(수나라 수)

뿌리글자로만 의미

墮 떨어질 타 隋(떨어질 타) + 土(흙 토)

墮落 떨어질 타 떨어질 락

墮獄 떨어질 타 옥 옥 : 지옥에 떨어짐

惰 게으를 타 心(마음 심) + 隋(떨어질 타 – 변형)

惰性 게으를 타 성품 성 : 오랫동안 변화하지 않아 굳은 습성

楕 길고 둥글 타 木(나무 목) + 隋(떨어질 타 – 변형)

楕圓形 길고 둥글 타 둥글 원 모양 형

隨 따를 수 辶(쉬엄쉬엄 갈 착) + 隋(떨어질 타)

隨伴 따를 수 짝 반

隨行 따를 수 다닐 행

隨時 따를 수 때 시

附隨的 붙을 부 따를 수 과녁 적

髓 뼛골 수 骨(뼈 골) + 遀(따를 수)

髓液 뼛골 수 진 액

骨髓 뼈 골 뼛골 수

脊髓 등마루 척 뼛골 수
眞髓 참 진 뼛골 수 : 가장 중요한 속알맹이

毛

부탁할 탁

뿌리글자로만 의미

託 부탁할 탁 言(말씀 언) + 乇(부탁할 탁)

付託 줄 부 부탁할 탁
請託 청할 청 부탁할 탁
依託 의지할 의 부탁할 탁
委託 맡길 위 부탁할 탁
結託 맺을 결 부탁할 탁
託兒所 부탁할 탁 아이 아 바 소

托 맡길 탁 手(손 수) + 乇(부탁할 탁)

托子 맡길 탁 아들 자 : 찻잔 받침
托鉢 맡길 탁 바리때 발 : 승려가 동냥하는 일

宅 집 택(댁 댁) 宀(집 면) + 乇(부탁할 탁)

住宅 살 주 집 택
邸宅 집 저 집 택
媤宅 시집 시 댁 댁

兌 뿌리글자로만 의미

바꿀 태(기쁠 태)

說 말씀 설(달랠 세) 言(말씀 언) + 兌(바꿀 태 기쁠 태)

說明 말씀 설 밝을 명
說得 말씀 설 얻을 득
傳說 전할 전 말씀 설
辱說 욕될 욕 말씀 설
演說 펼 연 말씀 설
逆說 거스릴 역 말씀 설
遊說 놀 유 달랠 세

稅 세금 세 禾(벼 화) + 兌(바꿀 태 기쁠 태)

稅金 세금 세 쇠 금
稅制 세금 세 절제할 제
租稅 조세 조 세금 세
課稅 과정 과 세금 세

銳 날카로울 예 金(쇠 금) + 兌(바꿀 태 기쁠 태)

銳利 날카로울 예 이로울 리
銳敏 날카로울 예 민첩할 민
尖銳 뾰족할 첨 날카로울 예

脫 벗을 탈 月(육달 월) + 兌(바꿀 태 기쁠 태)

逸脫 달아날 일 벗을 탈
離脫 떠날 리 벗을 탈

悅 기쁠 열 心(마음 심) + 兌(바꿀 태 기쁠 태)

喜悅 기쁠 희 기쁠 열

閱 볼 열 = 門(문 문) + 兌(바꿀 태 기쁠 태)

閱覽 볼 열 볼 람
閱兵式 볼 열 병사 병 법 식

뿌리글자

台

天台宗 하늘 천 별 태 마루 종 : 불교 종파

별 태

颱 태풍 태 風(바람 풍) + 台(별 태)

颱風 태풍 태 바람 풍

殆 거의 태(위태할 태) 歹(뼈 앙상할 알) + 台(별 태)

危殆 위태할 위 위태할 태

殆半 거의 태 반 반 : 거의 절반

胎 아이 밸 태 月(육달 월) + 台(별 태)

胎兒 아이 밸 태 아이 아

胎教 아이 밸 태 가르칠 교

孕胎 아이 밸 잉 아이 밸 태

落胎 떨어질 락 아이 밸 태

胎葉 아이 밸 태 잎 엽 : 기계를 움직이는 동력

換骨奪胎 바꿀 환 뼈 골 빼앗을 탈 아이 밸 태

跆 밟을 태 足(발 족) + 台(별 태)

跆拳道 밟을 태 주먹 권 길 도

207

怠 게으를 태 台(별 태) + 心(마음 심)

怠慢 게으를 태 거만할 만
懶怠 게으를 라 게으를 태
倦怠 게으를 권 게으를 태
過怠料 지날 과 게으를 태 헤아릴 료

笞 볼기 칠 태 竹(대 죽) + 台(별 태)

笞刑 볼기 칠 태 형벌 형
猛笞 사나울 맹 볼기 칠 태 : 태형을 몹시 침

苔 이끼 태 艸(풀 초) + 台(별 태)

綠苔＝碧苔 푸를 록 이끼 태 ＝ 푸를 벽 이끼 태
蘚苔類 이끼 선 이끼 태 무리 류 : 이끼식물

治 다스릴 치 水(물 수) + 台(별 태)

治療 다스릴 치 병 고칠 료
治粧 다스릴 치 단장할 장
政治 정사 정 다스릴 치
難治病 어려울 난 다스릴 치 병 병

冶 풀무 야 氷(얼음 빙) + 台(별 태)

* 풀무 : 불을 피울 때 바람을 일으키는 도구
陶冶 질그릇 도 풀무 야
冶坊 풀무 야 동네 방

始 비로소 시(치음) 女(여자 녀) + 台(별 태)

始作 비로소 시 지을 작
始初 비로소 시 처음 초
創始 비롯할 창 비로소 시
始末書 비로소 시 끝 말 글 서

怡 기쁠 이 心(마음 심) + 台(별 태)

怡悅 기쁠 이 기쁠 열 : 즐겁고도 기쁨

家兔 집 가 토끼 토
脫兔 벗을 탈 토끼 토 : 몹시 빨리 달아남

토끼 토

冤 원통할 원 冖(덮을 멱) + 兔(토끼 토)

冤罪 원통할 원 허물 죄
冤魂 원통할 원 넋 혼 : 원통하게 죽은 이의 혼

逸 편안할 일(달아날 일) 辶(쉬엄쉬엄 갈 착) + 兔(토끼 토)

逸脫 달아날 일 벗을 탈
安逸 편안 안 편안할 일
獨逸 홀로 독 편안할 일

讒 참소할 참 言(말씀 언) + 毚(약은 토끼 참)

* 참소 : 남을 헐뜯어서 죄가 있는 것처럼 윗사람에게 알리다.
讒訴 참소할 참 호소할 소 : 죄가 있는 듯 꾸며 고함
讒謗 참소할 참 헐뜯을 방 : 남을 헐뜯어 말함

免 면할 면 兔(토끼 토) - 丶(점 주)

退勤 물러날 퇴 부지런할 근
退職 물러날 퇴 직분 직
辭退 말씀 사 물러날 퇴

물러날 퇴

褪 바랠 퇴(빛이 바래다) 衣(옷 의) + 退(물러날 퇴)

褪色 바랠 퇴 빛 색

腿 넓적다리 퇴 月(육달 월) + 退(물러날 퇴)

大腿部 클 대 넓적다리 퇴 떼 부

뿌리글자로만 의미

꼬리 파

把 잡을 파 手(손 수) + 巴(꼬리 파)

把握 잡을 파 쥘 악
把守 잡을 파 지킬 수

爬 긁을 파 爪(손톱 조) + 巴(꼬리 파)

爬蟲類 긁을 파 벌레 충 무리 류
爬痒 긁을 파 가려울 양 : 가려운 데를 긁음

芭 파초 파 艸(풀 초) + 巴(꼬리 파)

芭蕉 파초 파 파초 초

琶 비파 파 珏(쌍옥 각 – 변형) + 巴(꼬리 파)

琵琶 비파 비 비파 파

肥 살찔 비 月(육달 월) + 巴(뱀 파)

肥滿 살찔 비 찰 만
肥沃 살찔 비 기름질 옥
天高馬肥 하늘 천 높을 고 말 마 살찔 비

* 옛날에는 조가비를 '돈'이나 '재물의 가치'를 나타내는 글자로 사용하였다.

貝物 조개 패 물건 물

조개 패

敗 패할 패 貝(조개 패) + 攵(칠 복)

勝敗 이길 승 패할 패

唄 염불소리 패 口(입 구) + 貝(조개 패)

梵唄 불경 범 염불소리 패

財 재물 재 貝(조개 패) + 才(재주 재)

財産 재물 재 낳을 산
財閥 재물 재 문벌 벌

貯 쌓을 저 貝(조개 패) + 宁(뜰 저)

貯蓄 쌓을 저 모을 축

販 팔 판 貝(조개 패) + 反(돌이킬 반)

販路 팔 판 길 로

購 살 구 貝(조개 패) + 冓(짤 구)

購讀 살 구 읽을 독

213

賊 도둑 적 貝(조개 패) + 戎(병장기 융)

盜賊 도둑 도 도둑 적

賄 뇌물 회(재물 회) 貝(조개 패) + 有(있을 유)

賂 뇌물 뢰 貝(조개 패) + 各(각각 각)

貶 낮출 폄 貝(조개 패) + 乏(모자랄 핍)

貶毀 낮출 폄 헐 훼

貼 붙일 첩 貝(조개 패) + 占(점칠 점 점령할 점)

貼付 붙일 첩 줄 부

賦 부세 부 貝(조개 패) + 武(호반 무)

* 부세 : 세금을 부과하는 일
割賦 벨 할 부 세 부

賻 부의 부 貝(조개 패) + 尃(펼 부)

* 부의 : 초상집에 도와주기 위해 내는 돈
賻儀 부의 부 거동 의

賠 물어줄 배 貝(조개 패) + 咅(침 부)

償 갚을 상 人(사람 인) + 賞(상줄 상)

則 법칙 칙(곧 즉) 貝(조개 패) + 刀(칼 도)

法則 법 법 법칙 칙

賜 줄 사 貝(조개 패) + 易(바꿀 역 쉬울 이)

賜藥 줄 사 약 약

賭 내기 도(도박하다) 貝(조개 패) + 者(놈 자)

賭博 내기 도 넓을 박

贖 속죄할 속 貝(조개 패) + 賣(팔 매)

贖罪 속죄할 속 허물 죄

賣 팔 매 士(선비 사) + 買(살 매)

買 살 매 罒(그물 망) + 貝(조개 패)

費 쓸 비 弗(아니 불) + 貝(조개 패)

浪費 물결 랑 쓸 비

貴 귀할 귀 貴의 옛날 古字는 臾로서 그 의미는 臾 = (양 손으로 잡고 있는 모양) + 貝(조개 패)

貴族 귀할 귀 겨레 족

賢 어질 현 臤(굳을 간) + 貝(조개 패)

賢明 어질 현 밝을 명

貢 바칠 공 工(만들 공) + 貝(조개 패)

貢獻 바칠 공 드릴 헌
歲貢 해 세 바칠 공

貰 세낼 세 世(인간 세) + 貝(조개 패)

月貰 달 월 세낼 세

貿 무역할 무 卯(토끼 묘 – 변형) + 貝(조개 패)

貿易 무역할 무 바꿀 역

資 재물 자 次(버금 차) + 貝(조개 패)

投資 던질 투 재물 자

貨 재물 화 化(될 화) + 貝(조개 패)

貨幣 재물 화 화폐 폐

賃 품삯 임 任(맡길 임) + 貝(조개 패)

貸 빌릴 대 代(대신할 대) + 貝(조개 패)

質 바탕 질 所(모탕 은 : 자를 때 받치는 토막) + 貝(조개 패)

體質 몸 체 바탕 질

賀 하례할 하 加(더할 가) + 貝(조개 패)

祝賀 빌 축 하례할 하

賓 손 빈 宀(집 면) + 步(걸음 보 - 변형) + 貝(조개 패)

國賓 나라 국 손 빈

貪 탐낼 탐 今(이제 금) + 貝(조개 패)

食貪 밥 식 탐낼 탐

貧 가난할 빈 分(나눌 분) + 貝(조개 패)

賤 천할 천 貝(조개 패) + 戔(적을 전)

負 질 부(짐을 지다) 人(사람 인 - 변형) + 貝(조개 패)

負擔 질 부 멜 담
負傷 질 부 다칠 상

員 인원 원 口(입 구) + 貝(조개 패)

職員 직분 직 인원 원

責 꾸짖을 책 朿(가시 자 – 변형) + 貝(조개 패)

叱責 꾸짖을 질 꾸짖을 책

寶 보배 보 宀(집 면) + 玉(구슬 옥) + 缶(장군 부) + 貝(조개 패)

寶物 보배 보 물건 물

뿌리글자로만 의미

성씨 팽

 부를 팽(부풀다) 月(육달 월) + 彭(성씨 팽)

膨脹 부를 팽 부을 창

膨潤 부를 팽 불을 윤

膨滿 부를 팽 찰 만

膨膨 부를 팽 부를 팽

澎 물소리 팽(물결치다) 水(물 수) + 彭(성씨 팽)

澎湃 물소리 팽 물결칠 배 : 기세가 커지며 일어남

뿌리글자

扁 작을 편

扁平 작을 편 평평할 평

遍 두루 편 辶(쉬엄쉬엄 갈 착) + 扁(작을 편)

普遍 넓을 보 두루 편

偏 치우칠 편 人(사람 인) + 扁(작을 편)

偏見 치우칠 편 볼 견

偏愛 치우칠 편 사랑 애

偏頭痛 치우칠 편 머리 두 아플 통

編 엮을 편 糸(실 사) + 扁(작을 편)

編成 엮을 편 이룰 성

編輯 엮을 편 모을 집

改編 고칠 개 엮을 편

騙 속일 편 馬(말 마) + 扁(작을 편)

騙取 속일 편 가질 취

篇 책 편 竹(대 죽) + 扁(작을 편)

長篇 길 장 책 편

短篇 짧을 단 책 편

平均 평평할 평 고를 균   平凡 평평할 평 무릇 범

平素 평평할 평 본디 소   平等 평평할 평 무리 등

平野 평평할 평 들 야

평평할 평

坪 들 평(지적단위) 土(흙 토) + 平(평평할 평)

坪當 들 평 마땅 당

建坪 세울 건 들 평

評 평할 평 言(말씀 언) + 平(평평할 평)

評價 평할 평 값 가

酷評 심할 혹 평할 평

萍 부평초 평 艹(풀 초) + 水(물 수) + 平(평평할 평)

浮草 뜰 부 부평초 평 풀 초 : 개구리밥

秤 저울 칭 禾(벼 화) + 平(평평할 평)

秤錘 저울 칭 저울추 추 : 저울추

221

敝件 해질 폐 물건 건 : 물건이 못 쓰게 된 것

해질 폐(해어지다)

弊 폐단 폐(폐를 끼치다) 敝(해질 폐) + 犬(개 견 - 변형)

弊端 폐단 폐 끝 단

弊害 폐단 폐 해할 해

弊習 폐단 폐 익힐 습

病弊 병 병 폐단 폐

疲弊 피곤할 피 폐단 폐

幣 화폐 폐(폐백 폐) 巾(수건 건) + 敝(해질 폐)

貨幣 재물 화 화폐 폐

紙幣 종이 지 화폐 폐

僞幣 거짓 위 화폐 폐

幣帛 폐백 폐 비단 백

斃 죽을 폐 敝(해질 폐) + 死(죽을 사)

斃死 죽을 폐 죽을 사

自斃 스스로 자 죽을 폐 : 자기 목숨을 끊음

蔽 덮을 폐 艹(풀 초) + 敝(해질 폐)

隱蔽 숨을 은 덮을 폐

掩蔽 가릴 엄 덮을 폐

 瞥 깜짝할 별 敝(해질 폐) + 目(눈 목)

瞥眼間 깜짝할 별 눈 안 사이 간

鼈 자라 별 敝(해질 폐) + 黽(맹꽁이 맹)

鼈主簿 자라 별 임금 주 문서 부 : 자라

包含 쌀 포 머금을 함　包容 쌀 포 얼굴 용
包圍 쌀 포 에워쌀 위　包括 쌀 포 묶을 괄
包攝 쌀 포 다스릴 섭　包袋 쌀 포 자루 대
包裝紙 쌀 포 꾸밀 장 종이 지

쌀 포(감싸다)

飽 배부를 포 食(밥 식) + 包(쌀 포)

飽食 배부를 포 먹을 식
飽滿 배부를 포 찰 만
飽和 배부를 포 화할 화

泡 거품 포 水(물 수) + 包(쌀 포)

泡沫 거품 포 물거품 말
水泡 물 수 거품 포
起泡劑 일어날 기 거품 포 약제 제

砲 대포 포 石(돌 석) + 包(쌀 포)

大砲 클 대 대포 포
發砲 필 발 대포 포
迫擊砲 핍박할 박 칠 격 대포 포

胞 세포 포 月(육달 월) + 包(쌀 포)

細胞 가늘 세 세포 포
同胞 한가지 동 세포 포
僑胞 더부살이 교 세포 포

抱 안을 포 手(손 수) + 包(쌀 포)

抱擁 안을 포 낄 옹
抱負 안을 포 질 부
懷抱 품을 회 안을 포

袍 도포 포(두루마기) 衣(옷 의) + 包(쌀 포)

道袍 길 도 도포 포
龍袍 용 룡 도포 포

咆 고함지를 포 口(입 구) + 包(쌀 포)

咆哮 고함지를 포 성낼 효

鮑 절인 물고기 포 魚(물고기 어) + 包(쌀 포)

鮑尺 절인 물고기 포 자 척 : 물에서 전복 따는 사람

庖 부엌 포 广(집 엄) + 包(쌀 포)

庖廚 부엌 포 부엌 주 : '푸주'의 원말

疱 물집 포 疒(병들어 기댈 녁) + 包(쌀 포)

水疱疹 물 수 물집 포 마마 진 : 피부에 물집이 생김

* '베'라는 뜻도 있다.
* 佈(펼 포) 와 同字

宣布 베풀 선 펼 포
流布 흐를 류 펼 포
配布 나눌 배 펼 포
撒布 뿌릴 살 펼 포

펼 포

怖 두려워할 포 心(마음 심) + 布(베 포)

恐怖 두려울 공 두려워할 포
怯怖 겁낼 겁 두려워할 포 : 겁이 나서 두려워함

希 바랄 희 爻(본받을 효 – 변형) + 巾(수건 건)

希望 바랄 희 바랄 망

稀 드물 희 禾(벼 화) + 希(바랄 희)

稀貴 드물 희 귀할 귀
稀薄 드물 희 엷을 박
稀微 드물 희 작을 미
稀釋 드물 희 풀 석
古稀宴 옛 고 드물 희 잔치 연 : 일흔 살 생일

사나울 포/폭

暴惡 사나울 포 악할 악　橫暴 가로 횡 사나울 포
暴風 사나울 폭 바람 풍　暴露 사나울 폭 이슬 로
暴騰 사나울 폭 오를 등

瀑 폭포 폭 水(물 수) + 暴(사나울 폭)

瀑布水 폭포 폭 펼 포 물 수

爆 불 터질 폭 火(불 화) + 暴(사나울 폭/포)

爆彈 불 터질 폭 탄알 탄
爆發 불 터질 폭 필 발
爆破 불 터질 폭 깨뜨릴 파
爆擊 불 터질 폭 칠 격
爆笑 불 터질 폭 웃음 소
起爆劑 일어날 기 불 터질 폭 약제 제

票 표 표

投票 던질 투 표 표
得票 얻을 득 표 표
郵票 우편 우 표 표
賣票所 팔 매 표 표 바 소

慓 급할 표 心(마음 심) + 票(표 표)

慓毒 급할 표 독 독 : 사납고 독살스러움

標 표할 표 木(나무 목) + 票(표 표)

標榜 표할 표 방 붙일 방
標的 표할 표 과녁 적
標準 표할 표 준할 준
指標 가리킬지 표 할 표

漂 떠다닐 표 水(물 수) + 票(표 표)

漂流 떠다닐 표 흐를 류
漂白劑 떠다닐 표 흰 백 약제 제

剽 겁박할 표 票(표 표) + 刀(칼 도)

剽竊 겁박할 표 훔칠 절
剽悍 겁박할 표 사나울 한 : 사납고 강인함

飄 나부낄 표 票(표 표) + 風(바람 풍)

飄然 나부낄 표 그럴 연 : 훌쩍 떠나가는 모양
飄零 나부낄 표 떨어질 령 : 이리저리 떠돌아다님

228

뿌리
글자

稟性 삼갈 품 성품 성 : 타고난 성품

氣稟 기운 기 삼갈 품 : 타고난 기질과 성품

여쭐 품(삼갈 품)

 찰 름(가득 차다) 氷(얼음 빙) + 稟(여쭐 품)

* '늠름하다'란 뜻도 있다.

凜凜 찰 름 찰 름 : 늠름하다. 당당하다

 믿음 단 亠(머리부분 두) + 回(돌아올 회) + 旦(아침 단)

品質 물건 품 바탕 질
製品 지을 제 물건 품
商品 장사 상 물건 품
醫藥品 의원 의 약 약 물건 품

물건 품

癌 암 암 疒(병들어 기댈 녁) + 嵒(바위 암)

發癌 필 발 암 암
抗癌 겨룰 항 암 암

臨 임할 림 目(눈 목 – 변형) + 人(사람 인) + 品(물건 품)

臨迫 임할 림 핍박할 박
臨終 임할 림 마칠 종
枉臨 굽을 왕 임할 림
降臨 내릴 강 임할 림

喿 울 조/소 品(물건 품) + 木(나무 목)

晶 맑을 정 日(해 일) + 日(해 일) + 日(해 일)

畾 밭 갈피 뢰 田(밭 전) + 田(밭 전) + 田(밭 전)

磊 돌무더기 뢰 石(돌 석) + 石(돌 석) + 石(돌 석)

뿌리글자

* 皮(가죽 피) : 털이 있는 가죽   革(가죽 혁) : 털을 뽑은 가죽
韋(다룸가죽 위) : 손질한 귀한 가죽

皮膚 가죽 피 살갗 부
表皮 겉 표 가죽 피
彈皮 탄알 탄 가죽 피

가죽 피

彼 저 피 彳(걸을 척) + 皮(가죽 피)

此日彼日 이 차 날 일 저 피 날 일
知彼知己 알 지 저 피 알 지 몸 기

被 입을 피 衣(옷 의) + 皮(가죽 피)

* '옷'을 입는 것은 물론 '피해'를 입는 의미로 많이 사용된다.
被害 입을 피 해할 해
被殺 입을 피 죽일 살
被拉 입을 피 끌 랍
被擊 입을 피 칠 격
被襲 입을 피 엄습할 습
被告 입을 피 고할 고
被虜人 입을 피 사로잡을 로 사람 인 : 포로

披 헤칠 피 手(손 수) + 皮(가죽 피)

披瀝 헤칠 피 스밀 력
猖披 미쳐날뛸 창 헤칠 피
披露宴 헤칠 피 이슬 로 잔치 연

疲 피곤할 피 疒(병들어 기댈 녁) + 皮(가죽 피)

疲困 피곤할 피 곤할 곤
疲勞 피곤할 피 일할 로
疲弊 피곤할 피 폐단 폐

波 물결 파 水(물 수) + 皮(가죽 피)

波濤 물결 파 물결 도
波瀾 물결 파 물결 란
波長 물결 파 길 장
波動 물결 파 움직일 동
波紋 물결 파 무늬 문
餘波 남을 여 물결 파
寒波 찰 한 물결 파
電波 번개 전 물결 파

破 깨뜨릴 파 石(돌 석) + 皮(가죽 피)

破壞 깨뜨릴 파 무너질 괴
破棄 깨뜨릴 파 버릴 기
破綻 깨뜨릴 파 터질 탄
破損 깨뜨릴 파 덜 손
突破 갑자기 돌 깨뜨릴 파

跛 절름발이 파 足(발 족) + 皮(가죽 피)

* '비스듬히 서다'란 뜻도 있다.
跛行 절름발이 파 다닐 행 : 일이 순조롭지 않음

頗 자못 파 皮(가죽 피) + 頁(머리 혈)

頗多 자못 파 많을 다 : 자못 많음
偏頗 치우칠 편 자못 파 : 치우쳐 공평하지 못함

婆 할머니 파(음역자 바) 波(물결 파) + 女(여자 녀)

* 속세를 뜻하는 '사바'란 의미로도 사용된다.
婆婆 사바세상 사 음역자 바
老婆心 늙을 로 할머니 파 마음 심

必須 반드시 필 모름지기 수
必然 반드시 필 그럴 연
必要 반드시 필 요긴할 요

반드시 필

祕 숨길 비 示(보일 시) + 必(반드시 필)

* 속자(俗字) : 秘(숨길 비)

祕密 숨길 비 빽빽할 밀

祕訣 숨길 비 이별할 결

祕書숨길 비 글 서

泌 분비할 비 水(물 수) + 必(반드시 필)

分泌 나눌 분 분비할 비

泌尿器科 분비할 비 오줌 뇨 그릇 기 과목 과

密 빽빽할 밀 宀(집 면) + 必(반드시 필) + 山(뫼 산)

精密 정할 정 빽빽할 밀

緻密 빽빽할 치 빽빽할 밀

隱密 숨을 은 빽빽할 밀

緊密 긴할 긴 빽빽할 밀

蜜 꿀 밀 密(빽빽할 밀 – 변형) + 虫(벌레 충)

蜜蜂 꿀 밀 벌 봉 : 꿀

蜜蠟 꿀 밀 밀 랍 : 꿀 찌꺼기로 만든 기름

蜜語 꿀 밀 말씀 어 : 달콤한 말

謐 고요할 밀 言(말씀 언) + 必(반드시 필) + 皿(그릇 명)

靜謐 고요할 정 고요할 밀

瑟 큰 거문고 슬 珏(쌍옥 각) + 必(반드시 필)

琴瑟 거문고 금 큰거문고 슬 : 부부사이의 정
瑟瑟 큰 거문고 슬 : 바람소리가 적막함

虐待 모질 학 기다릴 대　虐殺 모질 학 죽일 살
殘虐 잔인할 잔 모질 학　苛虐 가혹할 가 모질 학
自虐 스스로 자 모질 학

모질 학

謔　희롱할 학 言(말씀 언) + 虐(모질 학)

謔謔 화할 해 희롱할 학 : 익살스러운 농담

瘧　학질 학 疒(병들어 기댈 녁) + 虐(모질 학)

瘧疾 학질 학 병 질 : 말라리아

寒冷 찰 한 찰 랭　　寒心 찰 한 마음 심

惡寒 미워할 오 찰 한　　酷寒 심할 혹 찰 한

防寒服 막을 방 찰 한 옷 복

嚴冬雪寒 엄할 엄 겨울 동 눈 설 찰 한

찰 한

 塞 막힐 색(변방 새) 寒(찰 한 - 변형) + 土(흙 토)

梗塞 막힐 경 막힐 색

窮塞 궁할 궁 막힐 색

語塞 말씀 어 막힐 색

壅塞 막을 옹 막힐 색

要塞 요긴할 요 변방 새

寨 목책 채 塞(막힐 색 변방 새 - 변형) + 木(나무 목)

* 목채 : 나무로 만든 울타리

山寨 뫼 산 목책 채 : 산적이 웅거하는 소굴

뿌리글자로만 의미

함정 함

陷 빠질 함 阜(언덕 부) + 臽(함정 함)

陷穽 빠질 함 함정 정

陷沒 빠질 함 빠질 몰

陷落 빠질 함 떨어질 락

缺陷 이지러질 결 빠질 함

謀陷 꾀 모 빠질 함

諂 아첨할 첨 言(말씀 언) + 臽(함정 함)

阿諂 언덕 아 아첨할 첨

焰 불꽃 염 火(불 화) + 臽(함정 함)

氣焰 기운 기 불꽃 염

火焰瓶 불 화 불꽃 염 병 병

閻 마을 염 門(문 문) + 臽(함정 함)

閻閭 마을 려 마을 염 : 백성이 많이 사는 곳

閻羅大王 마을 염 벌일 라 클 대 임금 왕

뿌리글자로만 의미

다 함(모두)

鹹 짤 함 鹵(소금밭 로) + 咸(다 함)

鹹味 짤 함 맛 미

緘 봉할 함 糸(실 사) + 咸(다 함)

緘口 봉할 함 입 구

喊 소리칠 함 口(입 구) + 咸(다 함)

喊聲 소리칠 함 소리 성

箴 경계 잠 竹(대 죽) + 咸(다 함)

箴言 경계 잠 말씀 언

減 덜 감 水(물 수) + 咸(다 함)

減縮 덜 감 줄일 축
削減 깎을 삭 덜 감

感 느낄 감 咸(다 함) + 心(마음 심)

感情 느낄 감 뜻 정

憾 섭섭할 감 心(마음 심) + 感(느낄 감)

遺憾 남길 유 섭섭할 감

鍼 침 침 金(쇠 금) + 咸(다 함)

鍼灸 침 침 뜸 구

綜合 모을 종 합할 합
聚合 모을 취 합할 합

합할 합

蛤 대합조개 합 虫(벌레 충) + 合(합할 합)

大蛤 클 대 대합조개 합
紅蛤 붉을 홍 대합조개 합

盒 합 합(소반 뚜껑) 合(합할 합) + 皿(그릇 명)

飯盒 밥 반 합 합
饌盒 반찬 찬 합 합

洽 흡족할 흡 水(물 수) + 合(합할 합)

洽足 흡족할 흡 발 족
未洽 아닐 미 흡족할 흡

恰 흡사할 흡 心(마음 심) + 合(합할 합)

恰似 흡사할 흡 닮을 사

給 줄 급 糸(실 사) + 合(합할 합)

給與 줄 급 줄 여
給食 줄 급 먹을 식
供給 이바지할 공 줄 급

拾 주울 습(갖은 열 십) 手(손 수) + 合(합할 합)

* 숫자의 위조를 방지하기 위한 '갖은 수'로서 '열'을 의미한다.
拾得 주울 습 얻을 득
收拾 거둘 수 주울 습

拿 잡을 나 合(합할 합) + 手(손 수)

拿捕 잡을 나 잡을 포

答 대답 답 竹(대나무 죽) + 合(합할 합)

對答 대할 대 대답 답
應答 응할 응 대답 답
誤答 그르칠 오 대답 답

搭 탈 탑 手(손 수) + 荅(좀콩 답)

搭乘 탈 탑 탈 승
搭載 탈 탑 실을 재

塔 탑 탑 土(흙 토) + 荅(좀콩 답)

多寶塔 많을 다 보배 보 탑 탑
釋迦塔 풀 석 부처 이름 가 탑 탑

亢進 높을 항 나아갈 진 : 기세가 점점 높아짐

높을 항

航 배 항 舟(배 주) + 亢(높을 항)

* 육지는 行(다닐 행) / 바다와 하늘은 航(배 항)을 쓴다.

그래서 하늘을 나는 비행기를 航空機(항공기)라 한다.

航海 배 항 바다 해

缺航 이지러질 결 배 항

航空機 배 항 빌 공 틀 기

沆 넓을 항 水(물 수) + 亢(높을 항)

抗 겨룰 항 手(손 수) + 亢(높을 항)

抗議 겨룰 항 의논할 의

抗辯 겨룰 항 말씀 변

抵抗 막을 저 겨룰 항

抗生劑 겨룰 항 날 생 약제 제

坑 구덩이 갱 土(흙 토) + 亢(높을 항)

坑道 구덩이 갱 길 도

炭坑 숯 탄 구덩이 갱

243

돼지 해(지지 해)

뿌리글자로만 의미

該 갖출 해 言(말씀 언) + 亥(돼지 해)

* '마땅하다'란 뜻도 있다.

該博 갖출 해 넓을 박

該當者 갖출 해 마땅 당 놈 자

骸 뼈 해 骨(뼈 골) + 亥(돼지 해)

骸骨 뼈 해 뼈 골

遺骸 남길 유 뼈 해

殘骸 남을 잔 뼈 해

駭 놀랄 해 馬(말 마) + 亥(돼지 해)

駭怪罔測 놀랄 해 괴이할 괴 없을 망 헤아릴 측

咳 기침 해 口(입 구) + 亥(돼지 해)

咳喘 기침 해 숨찰 천

咳嗽病 기침 해 기침할 수 병 병 : 심한 기침병

鎭咳劑 진압할 진 기침 해 약제 제

核 씨 핵 木(나무 목) + 亥(돼지 해)

核心 씨 핵 마음 심
核武器 씨 핵 호반 무 그릇 기
肺結核 허파 폐 맺을 결 씨 핵

劾 꾸짖을 핵 亥(돼지 해) + 力(힘 력)

彈劾 탄알 탄 꾸짖을 핵 : 죄를 조사해 꾸짖음

刻 새길 각 亥(돼지 해) + 刀(칼 도)

彫刻 새길 조 새길 각
時刻 때 시 새길 각
遲刻 더딜 지 새길 각
深刻 깊을 심 새길 각
卽刻 곧 즉 새길 각
浮刻 뜰 부 새길 각

解決 풀 해 결단할 결   解消 풀 해 사라질 소
解弛 풀 해 늦출 이   解雇 풀 해 품 팔 고
解除 풀 해 덜 제   解散 풀 해 흩을 산
融解 녹을 융 풀 해   諒解 살펴 알 량 풀 해

풀 해

邂 만날 해 辶(쉬엄쉬엄 갈 착) + 解(풀 해)

邂逅 만날 해 만날 후

懈 게으를 해 心(마음 심) + 解(풀 해)

懈怠 게으를 해 게으를 태 : 책임을 다하지 않음
懈惰 게으를 해 게으를 타 : 일하기 싫어 미룸

害 被害 입을 피 해할 해   侵害 침노할 침 해할 해
妨害 방해할 방 해할 해   損害 덜 손 해할 해
迫害 핍박할 박 해할 해

해할 해

谿 뚫린 골짜기 활 害(해할 해) + 谷(골 곡)

空豁 빌 공 뚫린 골짜기 활 : 텅 비어 몹시 넓음

割 벨 할 害(해할 해) + 刀(칼 도)

割引 벨 할 끌 인
割愛 벨 할 사랑 애

轄 다스릴 할 車(수레 거/차) + 害(해할 해)

管轄 주관할 관 다스릴 할
直轄 곧을 직 다스릴 할

憲 법 헌 害(해할 해 - 변형) + 目(눈 목) + 心(마음 심)

憲法 법 헌 법 법
違憲 어긋날 위 법 헌

247

어찌 해

奚必 어찌 해 반드시 필 : 어찌하여 꼭

溪 시내 계 水(물 수) + 奚(어찌 해)

溪谷 시내 계 골 곡

鷄 닭 계 奚(어찌 해) + 鳥(새 조)

鷄卵 닭 계 알 란
養鷄場 기를 양 닭 계 마당 장

旅行 나그네 려 다닐 행	執行 잡을 집 다닐 행
竝行 나란히 병 다닐 행	慣行 익숙할 관 다닐 행
履行 밟을 리 다닐 행	遂行 따를 수 다닐 행
恣行 마음대로 자 다닐 행	行列 항렬 항 벌일 렬

다닐 행(항렬 항)

術 재주 술 行(행할 행) + 朮(삽주뿌리 출)

技術 재주 기 재주 술
藝術 재주 예 재주 술
鍼術 침 침 재주 술
呪術 빌 주 재주 술

街 거리 가 行(다닐 행) + 圭(서옥 규 홀 규)

商街 장사 상 거리 가
住宅街 살 주 집 택 거리 가

衢 네거리 구 行(다닐 행) + 瞿(놀랄 구)

康衢 편안 강 네거리 구 : 두루 통하는 큰 거리

衙 마을 아 行(다닐 행) + 吾(나 오)

官衙 벼슬 관 마을 아
衙前 마을 아 앞 전

衍 넓을 연 行(다닐 행) + 水(물 수)

敷衍 펼 부 넓을 연 : 덧붙여 더 설명함

衛 지킬 위 行(다닐 행) + 圍(에워쌀 위 – 변형)

護衛 도울 호 지킬 위
防衛 막을 방 지킬 위

衝 찌를 충 行(다닐 행) + 重(무거울 중)

衝擊 찌를 충 칠 격
衝突 찌를 충 갑자기 돌

衒 자랑할 현 行(다닐 행) + 玄(검을 현)

衒學 자랑할 현 배울 학 : 학문 있음을 자랑함

銜 재갈 함 行(다닐 행) + 金(쇠 금)

姓銜 성씨 성 재갈 함
尊銜 높을 존 재갈 함
職銜 직분 직 재갈 함
銜字 재갈 함 글자 자

衡 저울대 형 行(다닐 행) + 魚(물고기 어 – 변형)

均衡 고를 균 저울대 형
衡平性 저울대 형 평평할 평 성품 성

享樂 누릴 향 즐길 락

누릴 향

淳 순박할 순 水(물 수) + 享(누릴 향)

淳撲 순박할 순 칠 박

醇 전국술 순(진한 술) 酒(술 주 – 변형) + 享(누릴 향)

醇味 전국 술 순 맛 미

敦 도타울 돈 享(누릴 향) + 攵(칠 복)

敦篤 도타울 돈 도타울 독

惇 도타울 돈 心(마음 심) + 享(누릴 향)

燉 불빛 돈 火(불 화) + 敦(도타울 돈)

郭 둘레 곽(성씨 곽) 享(누릴 향) + 邑(고을 읍)

城郭 재 성 둘레 곽

외관 곽 木(나무 목) + 郭(둘레 곽)

棺槨 널 관 외관 곽

 클 확(둘레 곽) 广(집 엄) + 郭(둘레 곽)

廓大 클 확 클 대

亭 형통할 형 높은 성곽에서 자라난 아이의 모습을 본뜬 상형문자

亨通 형통할 형 통할 통

故鄕 연고 고 시골 향
他鄕 다를 타 시골 향
歸鄕 돌아갈 귀 시골 향
鄕愁 시골 향 근심 수

시골 향

饗 잔치할 향 鄕(시골 향) + 食(밥 식)

饗宴 잔치할 향 잔치 연
饗應 잔치할 향 응할 응
歆饗 흠향할 흠 잔치할 향

響 울릴 향 鄕(시골 향) + 音(소리 음)

音響 소리 음 울릴 향
影響 그림자 영 울릴 향
反響 돌이킬 반 울릴 향

嚮 향할 향 鄕(시골 향) + 向(향할 향)

嚮導 향할 향 길 도 : 길을 인도하는 사람

향기 향

薰香 향초 훈 향기 향 : 훈훈한 향기

馥 향기 복 香(향기 향) + 复(회복할 복 다시 부)

馥郁 향기 복 성할 욱 : 향기가 그윽함

馨 꽃다울 형 殸(소리 성) + 香(향기 향)

潔馨 깨끗할 결 꽃다울 형 : 깨끗하고 향기로움

虛僞 빌 허 거짓 위　　虛點 빌 허 점 점

虛構 빌 허 얽을 구　　虛荒 빌 허 거칠 황

虛脫 빌 허 벗을 탈　　虛費 빌 허 쓸 비

空虛 빌 공 빌 허　　　謙虛 겸손할 겸 빌 허

빌 허

噓 불 허(불다) 口(입 구) + 虛(빌 허)

吹噓 불 취 불 허 : 숨을 내뿜음

墟 터 허 土(흙 토) + 虛(빌 허)

廢墟 폐할 폐 터 허

戲 희롱할 희 虛(빌 허) + 戈(창 과)

戲弄 희롱할 희 희롱할 롱

戲 놀이 희 盧(옛날 그릇 희) + 戈(창 과)

局戲 판 국 놀이 희

彗星 살별 혜 별 성

살별 혜(혜성)

慧 슬기로울 혜 彗(살별 혜) + 心(마음 심)

智慧 슬기 지 슬기로울 혜

福慧 복 복 슬기로울 혜

慧敏 슬기로울 혜 민첩할 민 : 재빠르고 슬기로움

慧眼 슬기로울 혜 눈 안 : 사물을 밝게 보는 눈

恩惠 은혜 은 은혜 혜
受惠 받을 수 은혜 혜
特惠 특별할 특 은혜 혜
惠澤 은혜 혜 못 택

은혜 혜

穗 이삭 수 禾(벼 화) + 惠(은혜 혜)

* 이삭 : 벼나 보리의 곡식에서 꽃이 피고 열매가 달리는 부위

落穗 떨어질 락 이삭 수 : 뒷이야기를 비유함

專 오로지 전 (실타래 같은 물레의 모양) + 寸(마디 촌)

고을 현

縣監 고을 현 볼 감 : 현을 돌보는 벼슬아치

懸 달 현(매달다) 縣(고을 현) + 心(마음 심)

懸板 달 현 널빤지 판

懸案 달 현 책상 안

懸隔 달 현 사이 뜰 격

懸賞金 달 현 상줄 상 쇠 금

뿌리글자로만 의미

드러날 현

顯 나타날 현 㬎(드러날 현) + 頁(머리 혈)

顯在 나타날 현 있을 재
顯著 나타날 현 나타날 저
顯微鏡 나타날 현 작을 미 거울 경

濕 젖을 습 水(물 수) + 㬎(드러날 현)

濕度 젖을 습 법도 도
濕疹 젖을 습 마마 진

玄米 검을 현 쌀 미
玄關 검을 현 관계할 관
玄武巖 검을 현 호반 무 바위 암 : 검은 화산암

검을 현

弦 시위 현(활시위) 弓(활 궁) + 玄(검을 현)

弓弦 활 궁 시위 현
上弦 윗 상 시위 현
下弦 아래 하 시위 현

眩 어지러울 현 目(눈 목) + 玄(검을 현)

眩惑 어지러울 현 미혹할 혹
眩氣症 어지러울 현 기운 기 증세 증
眩暈症 어지러울 현 무리 훈 증세 증

絃 줄 현 糸(실 사) + 玄(검을 현)

絃樂器 줄 현 노래 악 그릇 기 : 줄로 된 악기

炫 밝을 현 火(불 화) + 玄(검을 현)

鉉 솥귀 현 金(쇠 금) + 玄(검을 현)

자랑할 현 行(다닐 행) + 玄(검을 현)

衒言 자랑할 현 말씀 언 : 자만하며 뽐내는 말

 이끌 견 玄(검을 현) + 冖(덮을 멱) + 牛(소 우)

牽制 이끌 견 절제할 제
牽引車 이끌 견 끌 인 수레 차

血液 피 혈 진액   貧血 가난할 빈 피 혈
獻血 드릴 헌 피 혈   輸血 보낼 수 피 혈
喀血 토할 객 피 혈

피 혈

恤 불쌍할 휼 心(마음 심) + 血(피 혈)

矜恤 자랑할 긍 불쌍할 휼
救恤 구원할 구 불쌍할 휼

衆 무리 중 血(피 혈) + (人+人+人 – 변형)

群衆 무리 군 무리 중
民衆 백성 민 무리 중
聽衆 들을 청 무리 중
觀衆 볼 관 무리 중
衆智 무리 중 슬기 지 : 여러 사람의 지혜
衆論 무리 중 논할 론 : 여러 사람의 의견

뿌리글자로만 의미

① ② ④ ⑤ ③ ⑥ ⑦

끼일 협

挾 끼일 협 手(손 수) + 夾(끼일 협)

挾攻 끼일 협 칠 공 : 양쪽을 끼고 공격함
挾輔 끼일 협 도울 보 : 붙잡아서 도와줌

峽 골짜기 협 山(뫼 산) + 夾(끼일 협)

峽谷 골짜기 협 골 곡
海峽 바다 해 골짜기 협

狹 좁을 협 犬(개 견) + 夾(끼일 협)

狹窄 좁을 협 좁을 착
偏狹 치우칠 편 좁을 협
狹食性 좁을 협 밥 식 성품 성 : 먹이 선택이 좁은 식성

俠 의기로울 협 人(사람 인) + 夾(끼일 협)

俠客 의기로울 협 손 객
義俠心 옳을 의 의기로울 협 마음 심

頰 뺨 협 夾(끼일 협) + 頁(머리 혈)

兩頰 두 량 뺨 협 : 두 뺨

263

口頰 입 구 뺨 협 : 입언저리

豊頰 풍년 풍 뺨 협 : 두둑하게 살찐 뺨

陝 땅이름 섬 阜(언덕 부) + 夾(숨길 섬)

兄弟 형 형 아우 제
妹兄 누이 매 형 형 : 손윗누이의 남편
妻兄 아내 처 형 형 : 아내의 언니

형 형

祝 빌 축 示(보일 시) + 兄(형 형)

祝賀 빌 축 하례할 하
祝福 빌 축 복 복

呪 빌 주 口(입 구) + 兄(형 형)

呪術 빌 주 재주 술
詛呪 저주할 저 빌 주

況 상황 황 水(물 수) + 兄(형 형)

狀況 형상 상 상황 황
好況 좋을 호 상황 황
盛況 성할 성 상황 황

克 이길 극 머리 위에 무거운 짐을 들고 걸어가는 모습을 본뜬 상형문자

克服 이길 극 옷 복

剋 이길 극 克(이길 극) + 刀(칼 도)

相剋 서로 상 이길 극
下剋上 아래 하 이길 극 윗 상

兢 떨릴 긍 克(이길 극) + 克(이길 극)

兢兢 떨릴 긍 떨릴 긍

競 다툴 경 立(설 립) + 兄(형 형)

競技 다툴 경 재주 기

競爭 다툴 경 다툴 쟁

胡壽 되 호 목숨 수 : 오래도록 삶
胡亂 오랑캐 호 어지러울 란 :
　　　오랑캐로 인한 난리

되 호(오랑캐 호)

湖 호수 호 水(물 수) + 胡(되 호 오랑캐 호)

湖水 호수 호 물 수
鹽湖 소금 염 호수 호 : 짠물이 된 호수

瑚 산호 호 玉(구슬 옥) + 胡(되 호 오랑캐 호)

珊瑚 산호 산 산호 호

糊 풀칠할 호 米(쌀 미) + 胡(되 호 오랑캐 호)

曖昧模糊 희미할 애 어두울 매 모호할 모 풀칠할 호
糊口之策 풀칠할 호 입 구 갈 지 꾀 책 : 입에 풀칠하듯 겨우 살아가는 방책

호걸 호

豪傑 호걸 호 뛰어날 걸   豪華 호걸 호 빛날 화

豪宕 호걸 호 호탕할 탕 : 호기가 많고 걸걸함

集中豪雨 모을 집 가운데 중 호걸 호 비 우

豪言壯談 호걸 호 말씀 언 장할 장 말씀 담

 濠 호주 호 水(물 수) + 豪(호걸 호)

濠洲 호주 호 물가 주 : 오스트레일리아

 壕 해자 호 土(흙 토) + 豪(호걸 호)

* 해자 : 성 밖을 둘러싼 연못

塹壕 구덩이 참 해자 호 : 야전에서 판 구덩이

待避壕 기다릴 대 피할 피 해자 호

 毫 터럭 호 高(높을 고 - 변형) + 毛(터럭 모)

뿌리글자로만 의미

호피 무늬 호

虎 범 호 입을 크게 벌리고 이빨을 드러낸 '호랑이'의 모습을 본뜬 상형문자

虎班 범 호 나눌 반 : 무신의 반열
猛虎 사나울 맹 범 호 : 사나운 호랑이

琥 호박 호 玉(구슬 옥) + 虎(범 호)

* 호박 : 땅 속에 굳어진 누런 광물
琥珀 호박 호 호박 박 : 송진 따위로 굳어진 광물

號 이름 호 号(부르짖을 호) + 虎(범 호)

* '부르짖다'는 뜻도 있다.
番號 차례 번 이름 호
記號 기록할 기 이름 호
符號 부호 부 이름 호
商號 장사 상 이름 호
信號 믿을 신 이름 호
稱號 일컬을 칭 이름 호
號令 이름 호 하여금 령 : 큰 소리로 명령힘

處 곳 처 虍(범 호) + 夂(천천히 걸을 쇠) + 几(안석 궤)

處理 곳 처 다스릴 리
處罰 곳 처 벌할 벌
對處 대할 대 곳 처
傷處 다칠 상 곳 처

遞 갈릴 체(엇갈리다) 辶(쉬엄쉬엄 갈 착) + 虒(뿔범 사)

交遞 사귈 교 갈릴 체
郵遞局 우편 우 갈릴 체 판 국

或是 혹 혹 이 시
間或 사이 간 혹 혹

혹 혹

惑 미혹할 혹 或(혹 혹) + 心(마음 심)

迷惑 미혹할 미 미혹할 혹
眩惑 어지러울 현 미혹할 혹
誘惑 꾈 유 미혹할 혹
疑惑 의심할 의 미혹할 혹
困惑 곤할 곤 미혹할 혹

域 지경 역 土(흙 토) + 或(혹 혹)

區域 구분할 구 지경 역
領域 거느릴 령 지경 역
聖域 성인 성 지경 역
圈域 우리 권 지경 역
墓域 무덤 묘 지경 역

國 나라 국 囗(에워쌀 위) + 或(혹 혹)

韓國 한국 한 나라 국
愛國 사랑 애 나라 국

昏亂 어두울 혼 어지러울 란
昏迷 어두울 혼 미혹할 미
昏睡狀態 어두울 혼 졸음 수 형상 상 모습 태

어두울 혼

婚 혼인할 혼 女(여자 녀) + 昏(어두울 혼)

婚姻 혼인할 혼 혼인 인
婚需 혼인할 혼 쓰일 수
離婚 떠날 리 혼인할 혼

華麗 빛날 화 고울 려
榮華 영화 영 빛날 화 : 마음껏 누리는 일

빛날 화

樺 벚나무 화(자작나무) 木(나무 목) + 華(빛날 화)

樺燭 벚나무 화 촛불 촉 : 자작 껍질로 만든 초

嫭 탐스러울 화 女(여자 녀) + 華(빛날 화)

燁 빛날 엽 火(불 화) + 華(빛날 화)

化粧 될 화 단장할 장	變化 변할 변 될 화
惡化 악할 악 될 화	深化 깊을 심 될 화
鈍化 둔할 둔 될 화	激化 격할 격 될 화

高齡化 높을 고 나이 령 될 화

될 화

花 꽃 화 艸(풀 초) + 化(될 화)

花草 꽃 화 풀 초

開花 열 개 꽃 화

無窮花 없을 무 다할 궁 꽃 화

靴 신 화(신발) 革(가죽 혁) + 化(될 화)

軍靴 군사 군 신 화

運動靴 옮길 운 움직일 동 신 화

貨 재물 화 化(될 화) + 貝(조개 패)

貨幣 재물 화 화폐 폐

財貨 재물 재 재물 화

鑄貨 불릴 주 재물 화

寶貨 보배 보 재물 화

雜貨 섞일 잡 재물 화

訛 그릇될 와 言(말씀 언) + 化(될 화)

訛傳 그릇될 와 전할 전 : 내용이 바뀌어 전해짐

274

뿌리글자로만 의미

새 높이 날 확

確 굳을 확 石(돌 석) + 隺(새 높이 날 확)

確實 굳을 확 열매 실

確信 굳을 확 믿을 신

確認 굳을 확 알 인

確率 굳을 확 비율 률

鶴 학 학 鳥(새 조) + 隺(새 높이 날 확)

群鷄一鶴 무리 군 닭 계 한 일 학 학

빛날 환

뿌리글자로만 의미

換 바꿀 환 手(손 수) + 奐(빛날 환)

換率 바꿀 환 비율 율
交換 사귈 교 바꿀 환
轉換 구를 전 바꿀 환

喚 부를 환 口(입 구) + 奐(빛날 환)

召喚 부를 소 부를 환
叫喚 부르짖을 규 부를 환

煥 불꽃 환 火(불 화) + 奐(빛날 환)

黃沙 누를 황 모래 사
黃帝 누를 황 임금 제

누를 황

廣 넓을 광 广(집 엄) + 黃(누를 황)

廣場 넓을 광 마당 장

鑛 쇳돌 광 金(쇠 금) + 廣(넓을 광)

炭鑛 숯 탄 쇳돌 광

曠 빌 광(밝을 광) 日(해 일) + 廣(넓을 광)

曠古 빌 광 옛 고

壙 뫼 구덩이 광 土(흙 토) + 廣(넓을 광)

* 뫼구덩이 : 무덤을 파기 위한 구덩이
壙穴 뫼 구덩이 광 구멍 혈 : 시체를 묻는 구덩이

擴 넓힐 확 手(손 수) + 廣(넓을 광)

擴張 넓힐 확 베풀 장
擴散 넓힐 확 흩을 산

橫 가로 횡 木(나무 목) + 黃(누를 황)

* 橫(가로 횡)은 방향뿐만 아니라 중력의 세로방향을 역행하는 의미로써 '부정적'으로도 사용된다.

縱橫 세로 종 가로 횡

橫暴 가로 횡 사나울 포

會社 모일 회 모일 사
會談 모일 회 말씀 담

모일 회

繪 그림 회 糸(실 사) + 會(모일 회)

繪畫 그림 회 그림 화

膾 회 회 月(육달 월) + 會(모일 회)

生鮮膾 날 생 생선 선 회 회

檜 전나무 회 木(나무 목) + 會(모일 회)

灰色 재 회 빛 색
灰燼 재 회 불탄 끝 신 : 모두 타버려 없어짐

재 회

恢 넓을 회 心(마음 심) + 灰(재 회)

恢弘 넓을 회 클 홍 : 넓고도 큼, 너그러움

炭 숯 탄 山(뫼 산) + 厂(굴바위 엄) + 火(불 화)

煉炭 달굴 련 숯 탄

回 돌아올 회

回復 돌아올 회 회복할 복
回收 돌아올 회 거둘 수
挽回 당길 만 돌아올 회
撤回 거둘 철 돌아올 회

廻 돌 회 辶(길게 걸을 인) + 回(돌아올 회)

輪廻 바퀴 륜 돌 회
巡廻 돌 순 돌 회
迂廻 에돌 우 돌 회

품을 회

뿌리글자로만 의미

懷 품을 회 心(마음 심) + 褱(품을 회)

懷抱 품을 회 안을 포

懷疑 품을 회 의심할 의

壞 무너질 괴 土(흙 토) + 褱(품을 회)

崩壞 무너질 붕 무너질 괴

破壞 깨뜨릴 파 무너질 괴

損壞 덜 손 무너질 괴

壞滅 무너질 괴 꺼질 멸

孝道 효도 효 길 도
孝誠 효도 효 정성 성

효도 효

哮 성낼 효 口(입 구) + 孝(효도 효)

咆哮 고함지를 포 성낼 효

酵 삭힐 효 酒(술 주 - 변형) + 孝(효도 효)

醱酵 술 괼 발 삭힐 효
酵素 삭힐 효 본디 소
酵母 삭힐 효 어머니 모

사귈 효

數爻 셈 수 사귈 효 : 사물의 수

學 배울 학 (양 손에 책을 든 모양) + 冖(덮을 멱) + 子(아들 자) + 爻(본받을 효)

學校 배울 학 학교 교
學習 배울 학 익힐 습
學業 배울 학 업 업
學院 배울 학 집 원

覺 깨달을 각 學(배울 학 – 변형) + 見(볼 견)

覺悟 깨달을 각 깨달을 오
覺醒 깨달을 각 깰 성
錯覺 어긋날 착 깨달을 각
幻覺 헛보일 환 깨달을 각
感覺 느낄 감 깨달을 각

攪 흔들 교 手(손 수) + 覺(깨달을 각)

攪亂 흔들 교 어지러울 란
攪拌 흔들 교 쪼갤 반

駁 논박할 박 馬(말 마) + 爻(사귈 효)

論駁 논할 논 논박할 박

攻駁 칠 공 논박할 박

反駁 돌이킬 반 논박할 박

面駁 낯 면 논박할 박

 시원할 상 大(큰 대) + 焱(밝은 모양 리)

爽快 시원할 상 쾌할 쾌

* '과녁'이란 뜻도 있다.

諸侯 모두 제 제후 후 : 봉건시대의 권력자

제후 후

喉 목구멍 후 口(입 구) + 侯(제후 후)

喉音 목구멍 후 소리 음 : 목구멍에서 나는 소리
耳鼻咽喉科 귀 이 코 비 목구멍 인 목구멍 후 과목 과

候 기후 후 人(사람 인) + 侯(제후 후)

氣候 기운 기 기후 후
徵候 부를 징 기후 후
候補 기후 후 도울 보
症候群 증세 증 기후 후 무리 군

* 侯(제후 후) : 남자 임금 / 后(임금 후) : 여자 임금 황후(皇后)

皇后 임금 황 임금 후 : 황제의 정궁

王后 임금 왕 임금 후 : 임금의 아내

太皇太后 클 태 임금 황 클 태 임금 후 : '황제 의 할머니'를 살아있는 동안에 부르 는 호칭

뒤 후(임금 후)

逅 만날 후 辶(쉬엄쉬엄 갈 착) + 后(뒤 후 임금 후)

邂逅 만날 해 만날 후 : 우연히 만남

垢 때 구 土(흙 토) + 后(뒤 후 임금 후)

垢面 때 구 낯 면 : 더러워진 얼굴

罪垢 허물 죄 때 구 : 죄악으로 더럽혀진 몸

불길 훈

熏灼 불길 훈 불사를 작 : 불에 태움

勳 공 훈(공로) 熏(불길 훈) + 力(힘 력)

勳功 공 훈 공 공
勳章 공 훈 글 장

薰 향초 훈 艸(풀 초) + 熏(불길 훈)

芳薰 꽃다울 방 향초 훈

壎 질나발 훈 土(흙 토) + 熏(불길 훈)

쉴 휴

休息 쉴 휴 쉴 식
連休 잇닿을 련 쉴 휴
休憩所 쉴 휴 쉴 게 바 소
休紙桶 쉴 휴 종이 지 통 통

烋 아름다울 휴 休(쉴 휴) + 火(불 화)

恷 아름다울 휴 休(쉴 휴) + 心(마음 심)

풀 훼

花卉 꽃 화 풀 훼

墳 무덤 분 土(흙 토) + 賁(클 분)

墳墓 무덤 분 무덤 묘
古墳 옛 고 무덤 분

噴 뿜을 분 口(입 구) + 賁(클 분)

噴水 뿜을 분 물 수
噴霧器 뿜을 분 안개 무 그릇 기

憤 분할 분 心(마음 심) + 賁(클 분)

憤怒 분할 분 성낼 노
憤慨 분할 분 슬퍼할 개
激憤 격할 격 분할 분
公憤 공평할 공 분할 분 : 공적인 부분에 분개함

奔 달릴 분 大(큰 대) + 卉(풀 훼)

奔走 달릴 분 달릴 주
狂奔 미칠 광 달릴 분

凶器 흉할 흉 그릇 기

凶惡 흉할 흉 악할 악

陰凶 그늘 음 흉할 흉

吉凶禍福 길할 길 흉할 흉 재앙 화 복 복

흉할 흉

匈 오랑캐 흉 勹(쌀 포) + 凶(흉할 흉)

匈奴 오랑캐 흉 종 노 : 몽고지역의 유목민족

胸 가슴 흉 月(육달 월) + 凶(흉할 흉)

胸像 가슴 흉 모양 상

胸廓 가슴 흉 둘레 곽

洶 용솟음칠 흉 水(물 수) + 匈(오랑캐 흉)

洶洶 용솟음칠 흉 용솟음칠 흉 : 분위기가 어수선함

兇 흉악할 흉 凶(흉할 흉) + 儿(어진사람 인)

元兇 으뜸 원 흉악할 흉 : 악당의 두목

검을 흑

暗黑 어두울 암 검을 흑

黜 내칠 출 黑(검을 흑) + 出(날 출)

黜黨 내칠 출 무리 당

默 잠잠할 묵 黑(검을 흑) + 犬(개 견)

默念 잠잠할 묵 생각 념
默禱 잠잠할 묵 빌 도
默認 잠잠할 묵 알 인
寡默 적을 과 잠잠할 묵

墨 먹 묵 黑(검을 흑) + 土(흙 토)

筆墨 붓 필 먹 묵 : 붓과 먹
水墨畫 물 수 먹 묵 그림 화 : 먹으로만 그린 동양화

黨 무리 당 尙(오히려 상) + 黑(검을 흑)

政黨 정사 정 무리 당
與黨 줄 여 무리 당
野黨 들 야 무리 당

292

복희씨 희

伏羲氏 엎드릴 복 복희씨 희 성씨 씨 :
중국의 제왕

犧 희생 희 牛(소 우) + 羲(복희씨 희)

犧牲 희생 희 희생 생

曦 햇빛 희 日(해 일) + 羲(복희씨 희)

曦光 햇빛 희 빛 광 : 아침 햇빛

喜 기쁠 희

喜悲 기쁠 희 슬플 비
喜悅 기쁠 희 기쁠 열
歡喜 기쁠 환 기쁠 희
祝喜壽 빌 축 기쁠 희 목숨 수 : 희수연 77세 생신축하

禧 복 희 示(보일 시) + 喜(기쁠 희)

鴻禧 기러기 홍 복 희 : 아주 큰 행운

嬉 아름다울 희 女(여자 녀) + 喜(기쁠 희)

娛嬉 즐길 오 아름다울 희 : 즐거워하고 기뻐함
嬉遊 아름다울 희 놀 유 : 즐겁게 놂
嬉笑 아름다울 희 웃음 소 : 예쁘게 웃는 웃음

憙 기뻐할 희 喜(기쁠 희) + 心(마음 심)

熹 빛날 희 喜(기쁠 희) + 火(불 화)

嘉 아름다울 가 喜(기쁠 희 – 변형) + 加(더할 가)

嘉尙 아름다울 가 오히려 상 : 갸륵하게 여김
嘉俳節 아름다울 가 어정거릴 배(배우 배) 마디 절 : 추석 한가위

294

Me mO

수강생 분들에게 바라는 저의 마음을 4자성어(四字成語)로 담았습니다.

묘교발형(苗敊發熒)

1. 모 묘 – 苗
2. 노래할 교 – 敊
3. 필 발 – 發
4. 등불 형 – 熒

자연(自然)의 이치(理致)는 이렇습니다.

봄에 – 씨앗을 심고,
여름에 – 비바람을 맞으며 자라고,
가을에 – 맛있고 단단한 결실을 맺어,
겨울에 – 모든 이와 함께 행복하게 보냅니다.

그런 의미에서,
한자(漢字) 공부 또한 자연(自然)의 이치(理致)대로 하면 됩니다.

1. 처음에 한자라는 묘목을 심고 – 苗(모 묘)
2. 배우는 과정에서 비바람처럼 힘들지만 노래하며 이겨내어 – 敊(노래할 교)
3. 그 실력이 탄탄하게 다지며 활짝 피어나니 – 發(필 발)
4. 결국 모든 사람을 환하게 밝혀줄 훌륭한 세상의 등불이 됩니다. – 熒(등불 형)

알까는 한자인 만큼 마지막 또한,
묘교발형(苗敊發熒)을 뿌리글자로 하여 학습으로 마무리하겠습니다.

모 묘

苗木 모 묘 나무 목

描 그릴 묘 手(손 수) + 苗(모 묘)

描寫 그릴 묘 베낄 사

錨 닻 묘 金(쇠 금) + 苗(모 묘)

拔錨 뽑을 발 닻 묘

猫 고양이 묘 犬(개 견) + 苗(모 묘)

黑猫白猫 검을 흑 고양이 묘 흰 백 고양이 묘

뿌리글자

敫 노래할 교

急激 급할 급 격할 격
感激 느낄 감 격할 격
激昂 격할 격 밝을 앙
激勵 격할 격 힘쓸 려

激 격할 격 水(물 수) + 敫(노래할 교)

檄 격문 격 木(나무 목) + 敫(노래할 교)

* 격문 : 비상시 급히 알리는 글
檄文 격문 격 글월 문 : 비상시 알리는 글

邀 맞을 요(맞이하다) 辶(쉬엄쉬엄 갈 착) + 敫(노래할 교)

邀擊 맞을 요 칠 격
邀招 맞을 요 부를 초

竅 구멍 규 穴(구멍 혈) + 敫(노래할 교)

毛竅 터럭 모 구멍 규
九竅 아홉 구 구멍 규

發 필발

發展 필발 펼전
發揮 필발 휘두를 휘

潑 물 뿌릴 발 水(물 수) + 發(필 발)

活潑 살 활 물 뿌릴 발
潑剌 물 뿌릴 발 발랄할 랄

撥 다스릴 발 手(손 수) + 發(필 발)

反撥 돌이킬 반 다스릴 발
撥憫 다스릴 발 민망할 민

醱 술 괼 발 酒(술 주 – 변형) + 發(필 발)

* 술을 괴다 : 술이 된다. 술을 빚다
醱酵 술 괼 발 삭힐 효

廢 폐할 폐(버릴 폐) 广(집 엄) + 發(필 발)

廢止 폐할 폐 그칠 지
廢棄 폐할 폐 버릴 기
廢墟 폐할 폐 터 허

뿌리글자

등불 형

熒燭 등불 형 촛불 촉

螢 반딧불이 형 熒(등불 형 - 변형) + 虫(벌레 충)

螢光燈 반딧불이 형 빛 광 등 등
螢雪之功 반딧불이 형 눈 설 갈 지 공 공

瑩 의혹할 형 熒(등불 형 - 변형) + 玉(구슬 옥)

* 인명, 지명에서는 '밝을 영'으로 사용되기도 함
瑩澈 의혹할 형 맑을 철

瀅 물 맑을 형 水(물 수) + 瑩(의혹할 형)

榮 영화 영(영광, 명예) 熒(등불 형 - 변형) + 木(나무 목)

榮華 영화 영 빛날 화
榮轉 영화 영 구를 전
繁榮 번성할 번 영화 영

營 경영할 영 熒(등불 형) + 宮(집 궁) - 변형 합체자

經營 지날 경 경영할 영
營養 경영할 영 기를 양
營倉 경영할 영 곳집 창

勞 일할 로 熒(등불 형 - 변형) | 力(힘 력)

勞動 일할 로 움직일 동
勤勞 부지런할 근 일할 로
疲勞 피곤할 피 일할 로
慰勞 위로할 위 일할 로

撈 건질 로 手(손 수) + 勞(일할 로)

漁撈 고기잡을 어 건질 로
撈採 건질 로 캘 채 : 물속에서 채취함

이렇게 알까는 한자를 모두 마치었습니다.

뿌리한자 621개와 묘교발형(苗敎發熒)까지 총 625자의 뿌리글자를 배웠습니다.
그 뿌리글자들이 모여 3,000개 이상의 파생글자를 만들었습니다.
여기에 그치지 않고 실제 어떻게 사용되는지 우리는 집중적으로 공부하였습니다.

여러 분들은 급수의 구분 없이 모두를 아우르는 실력을 지니셨습니다.

그냥 공부한 것이 아니라,
제대로!!! 확실하게!!! 공부하였습니다.

이제 우리가 할 것은 딱 하나입니다.
바로 반복(反復)입니다.

시간이 지나면 언어는 잊혀 집니다.
잊지 않기 위해 반복 또 반복하는 것이 가장 현명한 공부법입니다.

한 번 반복한 사람과 두 번 반복한 사람의 실력은 차이가 많습니다.
두 번 반복한 사람과 백 번 반복한 사람의 실력은 천양지차(天壤之差)입니다.

이제 알까는 한자의 책과 저 심 영세원의 힘찬 목소리가,
여러 분을 실전 최고의 한자 고수로 안내할 것입니다.

묘교발형(苗敎發熒)에서 말씀드렸듯이,
배우는 과정은 쉽지 않지만 그 열매는 달콤하고 많은 쓰임이 있습니다.
'배움'에서의 흔들림은 '쓰임'에서 그 빛을 나타냅니다.

쑥쑥~! 알까는 한자에서 쌓은 실력을,
이 사회의 힘들고 지친 많은 분들을 위해 뜻 깊게 활용해 주시길
마지막으로 당부말씀 올리며 기쁘게 글을 맺습니다.

2016年 8月
著者 심 영세원(沈 英世元) 拜上